W0286870

ACCUEILLIR LA PROSPÉRITÉ

DANS TA VIE

Alexandre LUCAS

ACCUEILLIR

LA PROSPÉRITÉ

DANS TA VIE

Livres écrits par Alexandre LUCAS

Page

- ÊTRE ACTEUR DANS SA VIE - 10€... 259
- S'AIMER POUR MIEUX AIMER - 13€. 260
- LE BONHEUR D'AIMER L'AUTRE-15€ 261
- DÉCOUVRIR TES TRÉSORS – 14€.... 262

Jeux de Cartes :

- LES CARTES DU BONHEUR – 27€.... 255
- JEUNE ET DYNAMIQUE – 15€.......... 257

Livres écrits par Marie-Paule LUCAS

- JE M'APPELLE « SOUFFLE DE VIE » -14€ 263
- « PRINCE DES ÉTOILES » - 17€............... 264

Dans ce livre, <u>le premier en son genre,</u> l'auteur propose une

<u>MÉTHODE UNIQUE</u>

Tu trouveras dans ce livre des MÉTHODES CONCRÈTES et FIABLES pour CALCULER LE PRIX JUSTE CONCERNANT ton SALAIRE ou ton REVENU, pour DÉFINIR les TARIFS HORAIRES PROFESSIONNELS, DÉFINIR des MARGES JUSTES, mais aussi pour DÉFINIR LE PRIX JUSTE pour l'achat ou la vente de biens immobiliers, d'objets, ou autres.

Ces MÉTHODES TE PERMETTRONT DE DÉCODER l'origine de tes blocages financiers et de TROUVER une SOLUTION pour améliorer ta situation financière.

Ces MÉTHODES PEUVENT ÊTRE UTILISÉES dans d'autres domaines, aussi bien aux niveaux PERSONNEL, AFFECTIF,

RELATIONNEL, qu'aux niveaux PROFESSIONNEL, MATÉRIEL, SANTÉ, etc.

Cette MÉTHODOLOGIE est le résultat de MILLIERS D'EXPÉRIENCES observées par l'auteur dans ses groupes de formation depuis 1987.

L'ÂME, qui connaît tous les détails de ta vie, de la raison des blocages aux solutions pour t'en sortir, s'exprime par cette méthode SIMPLE pour te délivrer le ou les MESSAGES, pour te GUIDER vers la PROSPÉRITÉ, le BONHEUR et la RÉUSSITE dans tous les domaines de ta vie.

Je remercie la VIE de m'avoir montré le CHEMIN DE L'ABONDANCE.

Je remercie Marie-Paule, mon épouse,
Franck et Anthony, mes enfants,
qui m'ont fait confiance au début de ma nouvelle démarche, en 1986.

Je remercie tous mes amis pour m'avoir encouragé et accueilli dans mes expériences.

Je remercie mon ami Robert Cingla pour cette merveilleuse collaboration concernant la mise en page. Je remercie également Louisette et Catherine pour la relecture de ce livre.

Alexandre

Ami lecteur,

Je suis de nouveau très heureux, dans ce cinquième livre, de partager simplement avec toi mes expériences concernant la PROSPÉRITÉ.

Mon souhait le plus sincère est de te permettre d'expérimenter et de vivre l'ABONDANCE dans ta vie.

Je suis heureux de contribuer à ce que tu connaisses dans ta vie la JOIE, le BONHEUR, la BEAUTÉ, afin que tu puisses vivre dans l'EXCELLENCE.

Je te propose de partager ce que j'ai observé depuis 1986 au sujet de l'ARGENT non seulement dans ma vie personnelle mais aussi dans la vie de milliers de personnes qui ont participé à mes formations. En effet, il me serait possible d'écrire au sujet de l'argent plusieurs livres concernant les témoignages de personnes qui ont eu soit des rentrées exceptionnelles, soit des non dépenses.

Chacun d'entre nous peut avoir très largement ce dont il a besoin au niveau de l'argent pour son évolution harmonieuse, s'il croit en l'ABONDANCE DE LA VIE.

Dans ce livre, je t'invite à ACCUEILLIR LA PROSPÉRITÉ en mettant en pratique les conseils. Tu seras émerveillé du résultat.

Tu seras ÉMERVEILLÉ de constater combien l'UNIVERS (ou la VIE) est GÉNÉREUX pour tous les ÊTRES HUMAINS qui s'ouvrent à l'ABONDANCE.

Je te souhaite une bonne lecture.

Alexandre.

CONSEIL :
Je t'invite, en lisant ce livre, à prendre des notes concernant ta vision de l'argent, la manière dont tu en parles et comment tu l'utilises.

PREMIÈRE PARTIE

ACCUEILLIR

LA PROSPÉRITÉ

DANS TA VIE

ACCUEILLIR LA PROSPÉRITÉ

DANS TA VIE

Je peux affirmer, après vingt années d'expériences, enrichies par celles des personnes qui ont participé à mes séminaires (plus de 7.000 personnes à ce jour), que la VIE est ABONDANCE A TOUS LES NIVEAUX, y compris au niveau FINANCIER.

L'ARGENT est une ÉNERGIE MERVEILLEUSE, accessible à TOUS sans exception, même si tu vis aujourd'hui dans la limitation, dans la pauvreté et la peur du manque.

Peut-être penses-tu que si cela était vrai, tout le monde le saurait. En réalité, beaucoup de gens pensent que l'argent ne peut pas arriver de façon inattendue. Peu de personnes ont fait l'expérience de l'abondance.

L'ÉNERGIE ARGENT est une ÉNERGIE D'ÉCHANGE entre les ÊTRES HUMAINS, UNE ÉNERGIE UNIVERSELLE, je dirais même une ÉNERGIE DIVINE.

Pour moi, l'UNIVERS est ABONDANCE et chacun peut disposer très largement de ce dont il a besoin pour vivre sa LÉGENDE PERSONNELLE.

Certains pensent qu'une minorité d'individus possède la plus grande partie de l'argent et que la majorité des autres se trouve dans le manque ou la limitation.

En réalité, j'affirme que chaque personne a sa part d'HÉRITAGE et peut être totalement comblée.

Je t'invite à t'ouvrir à cette possibilité et à l'expérimenter concrètement dans ta vie, au quotidien. Je précise que la PROSPÉRITÉ est un ÉTAT D'ESPRIT. Je te donnerai plus de détails dans ce livre.

Pour accueillir la PROSPÉRITÉ, il est essentiel de changer ton état d'esprit, de croire que cela est possible et de passer à l'ACTION.

Pour changer ton état d'esprit, je te propose d'observer ton fonctionnement et ta conception vis-à-vis de l'argent. Pour cela, il est intéressant d'effectuer un tour d'horizon sur ce que tu as entendu ou perçu depuis ton enfance.

DIFFÉRENTS

COMPORTEMENTS

FACE A L'ARGENT

DIFFÉRENTS COMPORTEMENTS FACE A L'ARGENT

En ce qui concerne l'argent, j'ai classé les personnes en trois catégories.

Première catégorie. – Elle concerne les personnes qui disposent d'un capital important et qui ont des salaires ou revenus très confortables. Parmi celles-ci, il y en a qui savent faire circuler l'ARGENT en créant des emplois par la fondation d'entreprises, chaque employé étant correctement rémunéré et respecté. Ces personnes peuvent aussi avoir des employés bien rémunérés pour effectuer le ménage ou l'entretien de leurs maisons. Ainsi, elles utilisent l'argent de façon juste et harmonieuse pour le bien de tous et, de ce fait, elles auront de plus en plus d'argent.

D'autres personnes, qui ont beaucoup d'argent, l'utilisent à exploiter leurs semblables ou des situations. Elles prennent le risque d'être un jour en difficulté, car il n'y a pas de meilleur comptable que l'UNIVERS. J'y reviendrai plus loin.

Il y a également des personnes qui ont de l'argent en quantité plus ou moins importante et qui ont peur de manquer ou de le perdre sous différentes formes, et cela arrive. Par leur comportement, elles font survenir ce qu'elles craignent.

Il arrive aussi de constater que certaines personnes ont tellement peur du manque qu'elles vont amasser l'argent de façon maladive. Je me souviens d'un facteur qui connaissait trois personnes qui, d'après lui, possédaient plus de 150.000 € et vivaient dans l'inconfort total en se plaignant de manquer d'argent. Celles-ci effectuaient des démarches pour obtenir des aides sociales !

Deuxième catégorie. – Elle concerne les personnes qui vivent correctement en gérant au mieux les revenus dont elles disposent.

Là aussi, les comportements divergent selon les cas en fonction du vécu et de la relation à l'argent.

On trouve des personnes qui, avec un salaire de 1.000 € par mois, vont équilibrer assez facilement leur compte en banque, et d'autres qui n'y arriveront pas dans des conditions sensiblement identiques. De même, j'ai rencontré des personnes qui, avec un salaire de 7.000 € par mois, avaient des difficultés financières, ce qui me fait dire que tout est relatif.

Tu me diras que cela dépend des charges que chaque personne a à payer, certes, mais il y a aussi le comportement psychologique face à l'argent.

Troisième catégorie. – Elle concerne les personnes qui manquent réellement d'argent et qui se trouvent régulièrement avec un compte débiteur.

J'ai connu moi-même cette situation, plus particulièrement en 1985 et 1986. (J'ai écrit mon témoignage dans mon livre *« DÉCOUVRIR TES TRÉSORS »*).

Les personnes qui sont dans le manque financier connaissent en général l'inquiétude, la peur et l'angoisse qui conduisent au stress. Cela aura des conséquences à plusieurs niveaux : santé, profession, affectif, etc.

La personne qui a peur, car elle ne peut pas payer ses échéances, va engendrer sans s'en rendre compte d'autres difficultés.

Le cerveau, je le rappelle, a le pouvoir d'enregistrer, dans le sens positif comme dans le sens négatif, les images mentales que nous lui donnons. Toute image, négative ou positive, enregistrée par le cerveau est matérialisée plus ou moins rapidement suivant l'intensité des émotions vécues.

La peur crée, en général, des émotions très puissantes, notamment celles qui concernent le manque financier.

Exemple : une personne a une assurance ou une facture à régler sans avoir l'argent nécessaire. Celle-ci va être inquiète et, peut-être même, avoir peur de recevoir une lettre recommandée ou la visite d'un huissier. Dans le même temps, elle aura une voiture ou un appareil ménager qui tombera en panne. Alors, elle se dira : *« Je n'ai pas de chance, cela arrive au mauvais moment ! ».* Elle aura l'impression que tout lui « tombe dessus ». Tous ces événements contribuent à dégrader sa situation. En réalité, elle a créé la panne par sa peur. Si cette personne ne réagit pas, en laissant sa peur et son angoisse l'envahir, elle créera une difficulté supplémentaire qui l'obligera à « sortir » à nouveau de l'argent.

Certains se disent à ce moment-là : *« Jamais deux sans trois ! »,* et ils auront une troisième difficulté. Plus la personne a peur, plus elle augmente ses difficultés. C'est ce que j'ai pu observer dans mon vécu, mais aussi à travers les milliers de témoignages donnés par tous ceux qui ont participé à mes formations.

Cette attitude va entraîner d'autres comportements négatifs. La personne en parlera sans doute à sa famille ou à des proches, mais plus elle en parlera, plus elle aggravera la situation, surtout si cela génère la plainte. Si la famille ou les amis répandent autour d'eux que telle personne a des difficultés, cela engendrera une énergie négative qui aggravera la situation.

Si tu as des difficultés financières, il vaut mieux en parler à des personnes positives qui t'aideront à trouver une bonne solution.

Les personnes en manque d'argent téléphonent davantage pour se confier, mais elles augmentent ainsi leurs factures de téléphone. Comme elles sont stressées, elles vont curieusement manger plus pour compenser ; elles auront plus froid, donc elles augmenteront, dans certains cas, le chauffage. Tout cela entraîne des charges supplémentaires.

Certains individus se limiteront dans leurs dépenses puis, un jour, ils effectueront des achats compulsifs. D'autres commenceront à économiser au niveau de la nourriture, des loisirs, etc., et vivront dans l'inconfort, peut-être en se culpabilisant de ne pas avoir été assez attentifs aux dépenses durant les mois précédents. En réalité, plus ils se restreignent et plus ils se culpabilisent, plus ils augmentent leurs difficultés car leur cerveau est alimenté en permanence par des images de manque, et il les matérialise.

D'aucuns ressentent de la honte pour ne pas avoir « réussi » et pour être dans le manque. Cela sera d'autant plus fort que, dans leur entourage, les autres vivent bien sur le plan financier.

J'ai observé, également, que le manque d'argent créait dans le couple la dysharmonie. En effet, cela entraîne la suspicion, le jugement et souvent l'agressivité. Il est possible que le mari reproche à sa femme de faire des dépenses inutiles pour la famille, et que la femme fasse remarquer à son mari que s'il ne fumait plus, ils feraient 150 € d'économie par mois. Il est important d'être vigilant et dans le discernement pour gérer la relation du couple dans cette situation. Etre objectif et traiter cette question dans le respect en se soutenant mutuellement, permettra de trouver plus facilement une solution.

Le comportement des enfants va jouer un rôle souvent culpabilisant pour les parents. En effet, si une personne est limitée financièrement et que, de ce fait, elle ne peut pas offrir à ses enfants des activités culturelles payantes, elle se culpabilisera et se sentira gênée vis-à-vis d'eux, surtout s'ils ont des copains et copines qui y participent.

Autre comportement négatif : il s'agit de la personne qui n'ouvre plus son courrier ou qui ne va pas retirer les lettres recommandées. En effet, pour les organismes, le fait que les personnes ne répondent pas au courrier, les incitent à être plus sévères et moins tolérants. Dans tous les cas, il est préférable de rencontrer humblement les organismes, banques, etc., plutôt que d'être indifférent car cela est considéré comme un acte irresponsable.

Je constate également que les personnes en manque financier ont souvent tendance, consciemment ou inconsciemment, à être jalouses et critiques vis-à-vis de celles qui ont de l'argent. Une personne peut se dire qu'elle a un patron qui gagne de l'argent sur « le dos » de ses employés et que celui-ci possède une belle voiture, une belle maison, etc., mais qu'elle-même n'est pas payée correctement. C'est une forme de jalousie et de critique. Une autre peut observer que ses voisins ont une belle maison bien aménagée, qu'ils prennent des vacances en hiver et en été, qu'ils possèdent de belles voitures, etc. C'est toujours une forme de jalousie et de critique. La liste pourrait être longue...

<u>Ce qu'il est important de savoir :</u>

Les personnes qui sont jalouses et qui critiquent celles qui ont de l'argent provoquent un effet négatif qui leur enlève ce qu'elles possèdent. Cette constatation fait partie des LOIS DE CAUSES A EFFETS basées sur un principe très simple : on vit toujours en fonction de ce que l'on pense.

A l'inverse, plus la personne est heureuse de voir les autres prospérer et plus elle sera prospère ; plus elle est heureuse de voir les autres réussir sur tous les plans, plus elle réussira elle-même à tous les niveaux.

Il arrive aussi que certaines personnes deviennent malades par le stress provoqué par le manque ou par la peur des créanciers, mais la maladie peut être inconsciemment une excuse pour faire face au manque et pour obtenir une forme de compassion de la part des créanciers.

VISION NÉGATIVE DE L'ARGENT

D'une manière générale dans notre culture, la vision de l'argent est plutôt limitée, voire négative. Je crois que cet aspect est dû en grande partie à l'éducation judéo-chrétienne que les hommes ont reçue depuis des siècles. La mémoire collective joue un rôle très important dans nos comportements inconscients. Cette mémoire ancestrale est codée dans nos cellules et pour la modifier cela suppose un changement dans la manière de penser, de parler et d'agir pour s'ouvrir à de nouveaux concepts plus justes.

Combien de fois avons-nous entendu que l'argent ne fait pas le bonheur ? Également cette croyance qui affirme que ceux qui travaillent beaucoup et gagnent peu ont davantage de chance d'aller au « paradis », alors que pour les riches c'est plus difficile. Lorsque j'étais enfant, j'ai souvent entendu, pendant la messe dominicale, qu'il est plus difficile à un riche d'aller au paradis qu'à un chameau de passer par le chas d'une aiguille : autrement dit, le riche est condamné à aller je ne sais où, mais pas au paradis.

Ces mensonges ont eu des conséquences très négatives sur les ÊTRES HUMAINS, alors que JÉSUS n'a pas parlé de cette manière. Il y a eu, en effet, une déformation du message de JÉSUS car, dans la véritable origine, Il a parlé des portes de la ville de JÉRUSALEM. Si tu vas à JÉRUSALEM, tu verras une enceinte autour de la vieille ville avec plusieurs portes dont l'une d'elle est appelée « la porte des chameaux ». Pour que les chameaux puissent entrer, ils devaient être déchargés de leurs fardeaux. Symboliquement, JÉSUS voulait dire que, pour évoluer spirituellement, il était nécessaire de se libérer du passé, mais aussi de devenir humble et de se détacher de la matière, c'est-à-dire : ne pas être dépendant des biens matériels et financiers.

Dans notre culture judéo-chrétienne, on a opposé l'argent à la spiritualité. L'argent était « sale », et pourtant l'Eglise catholique a géré à travers ses structures, pendant longtemps, une des plus grandes richesses du monde, ce qui semble paradoxal. Il y aurait beaucoup à écrire sur ce sujet, mais l'important est d'être conscient que cela nous a conditionnés dans notre comportement vis-à-vis de l'argent. De ce fait, la majorité des personnes sont gênées d'en parler, le sujet demeure tabou.

Je remarque que les personnes qui sont syndicalement et politiquement à « gauche », sont plus mal à l'aise sur cette question que les autres et souvent les plus critiques. Nombreux sont ceux qui ont de la difficulté à exprimer leur réussite ou à en témoigner à tous les niveaux, surtout financier. Il est intéressant d'observer les contradictions vécues par les personnes dans le concret. Je prendrai un exemple :

Dans une ville, trois cent cinquante personnes environ avaient décidé, pour s'alimenter en produits bio, de créer une coopérative d'achats. Au départ, il a été décidé de louer un local et chaque adhérent devait donner une demi-journée de son temps soit pour l'ensachage ou la mise en rayons, soit pour le ménage ou la vente ou la comptabilité, etc., selon les compétences des uns ou des autres. Tout le monde a été d'accord mais, dans le concret, cela s'est passé autrement. Très rapidement, certaines personnes qui travaillaient dans des entreprises n'ont plus fourni leur demi-journée car elles n'avaient pas le temps. Progressivement, ce sont des personnes qui étaient au foyer, donc avec plus de temps, qui ont assumé la responsabilité du local en donnant beaucoup de leur temps (plusieurs semaines par an) et bien sûr sans rémunération. Mais lesquelles se plaignaient quand les étagères étaient vides ? Celles qui ne donnaient pas leur temps.

Petit à petit, les personnes qui donnaient beaucoup de leur temps et qui n'étaient pas reconnues ont arrêté par lassitude et la coopérative s'est trouvée en difficulté. Ce qui est étonnant, c'est que la grande majorité de ces personnes se situaient politiquement et syndicalement à « gauche », avec des notions de justice, d'équité, de partage, de reconnaissance du travail des personnes, enfin des gens bien, quoi !... Et pourtant, ceux qui ne donnaient plus une demi-journée n'ont jamais pensé à offrir l'équivalent en argent pour gratifier ceux qui donnaient plusieurs semaines de leur temps.

Sur ce constat, il a été décidé d'embaucher une personne pour mieux gérer la coopérative. C'était l'époque des TUC (emploi de six mois maximum) contesté par les personnes de « gauche », et pourtant l'embauche s'est effectuée dans ce cadre-là. Evidemment, il a fallu trois à quatre mois pour que l'employé prenne toute l'organisation en main, mais il était temps de changer de personnel.

De nouveau, les coopérateurs se sont rendus à l'évidence qu'ils devaient trouver un autre mode de fonctionnement. Ils ont alors décidé d'embaucher une personne à plein temps, mais au SMIC. Là aussi, quelle contradiction puisque la grande majorité des coopérateurs dénonçaient politiquement et syndicalement le SMIC et dont certains réclamaient pour eux-mêmes des salaires beaucoup plus élevés.

Or, en tant que coopérateurs, ils étaient les employeurs et il aurait été logique que la personne embauchée par la coopérative ait un salaire égal à la moyenne des revenus des coopérateurs (mais cela ne lui a pas été proposé) ou qu'elle ait un salaire à la hauteur des revendications exprimées politiquement et syndicalement par ceux-ci.

En regardant bien dans notre vie, nous pouvons nous apercevoir qu'il y a souvent des contradictions majeures entre ce que nous disons et ce que nous faisons. Mais quand on connaît les LOIS DE L'UNIVERS, il est logique que nous nous retrouvons face à nos propres contradictions de façon concrète.

AUTRES CONTRADICTIONS

Les personnes limitées financièrement font leurs achats dans des magasins à petits prix et se procurent des produits bas de gamme souvent fabriqués à l'étranger dans des pays où la main-d'œuvre est bon marché. Sans s'en rendre compte, elles cautionnent les délocalisations et le travail non reconnu financièrement et, par EFFET RETOUR, elles vont se maintenir dans des revenus très bas. Je peux en parler car c'était mon fonctionnement avant que je découvre les LOIS DE LA VIE : j'étais dans un comportement de limitation qui m'a conduit à la faillite en 1986.

Depuis, j'ai observé qu'en achetant des produits ou des biens de consommation de qualité, en reconnaissant ceux qui les produisent ou les fabriquent, en acceptant de payer ces achats à leurs justes valeurs, j'ai augmenté mes revenus et je suis reconnu dans ce que je propose.

Toutes les personnes qui changent leurs conceptions, leurs manières de penser, pour s'ouvrir à l'abondance et reconnaître la juste valeur en tout, augmentent de façon certaine leur prospérité dans tous les domaines.

**POUR T'OUVRIR A L'ABONDANCE,
IL EST ESSENTIEL DE PRENDRE
LE TEMPS D'OBSERVER
TON FONCTIONNEMENT
ET D'ANALYSER TES CONCEPTIONS
CONCERNANT L'ARGENT.**

EN RÉSUMÉ

L'ARGENT, en tant que tel, ne fait ni bien ni mal.

En effet, si tu prends un billet de 20, 50 ou 100 € et que tu le poses sur un meuble, tu constateras, après l'avoir regardé plusieurs semaines ou plusieurs mois, qu'il ne fait ni bien ni mal. C'est uniquement la manière de t'en servir qui change.

L'argent est comme l'eau, elle peut servir à te désaltérer ou à te noyer ; l'électricité peut t'éclairer, mais aussi t'électrocuter, etc.

**L'ARGENT
EST UNE ÉNERGIE D'ÉCHANGE**

L'ARGENT

EST UNE ÉNERGIE

L'ARGENT EST UNE ÉNERGIE

Cela a été pour moi une véritable révélation quand j'ai pris conscience que l'argent est une énergie qui sert à échanger avec d'autres personnes. De plus, celle-ci nous permet d'être reliés les uns aux autres.

Je prends l'exemple simple de la baguette de pain que tu achètes chez le boulanger et je t'invite à observer ce qui s'est passé avant.

En premier lieu, l'agriculteur a semé le blé. Mais, pour le semis, il a utilisé son tracteur et différents outils qui ont été fabriqués par plusieurs entreprises qui, elles-mêmes, emploient plusieurs centaines ou milliers de personnes. Il y a celles qui fabriquent les machines ou les pièces et les assemblent, et celles qui s'occupent du travail administratif avec des ordinateurs construits eux aussi par d'autres personnes, etc. Il y a bien sûr des ouvriers qui ont fabriqué les silos pour le stockage, les machines du meunier et du boulanger, etc.

Comme tu peux t'en rendre compte, en achetant ta baguette de pain, tu es relié à plusieurs millions de personnes. Alors, entre ce que tu manges, les vêtements que tu portes, la voiture que tu utilises, l'ordinateur, la machine-outil, etc., imagine le nombre de personnes dans le monde avec lesquelles tu es relié. C'est extraordinaire !

Quand tu exerces ton métier, que ce soit physiquement, intellectuellement ou de manière sensitive (magnétisme, etc.), tu donnes de l'énergie et, en échange de cette énergie, tu reçois de l'énergie argent. Tu te trouves dans la circulation de l'ÉNERGIE ARGENT.

Fut un temps où les échanges se faisaient sous une forme matérielle. Enfant, j'ai connu mes parents livrer du blé chez le meunier qui s'en réservait quelques kilos pour se payer de la mouture de ce blé. Puis celui-ci déposait la farine chez le boulanger qui, lui-même, gardait quelques kilos de farine pour la fabrication du pain et nous donnait des bons. Nous lui échangions ces bons à chaque fois qu'il nous donnait du pain. Il n'y avait pas d'échange d'argent.

J'ai connu des échanges semblables avec l'épicier de campagne. Nous lui donnions du beurre, des œufs, de la crème, qu'il nous échangeait avec d'autres produits de consommation.

Cela existe encore aujourd'hui avec les SEL (Système d'Echanges Locaux), mais à petite échelle. Puis, nous sommes passés au paiement avec de l'argent en espèces. Evidemment, cela serait ingérable de nos jours, et le paiement s'effectue par chèques ou par des moyens électroniques.

D'ailleurs, ce dernier mode de paiement démontre combien l'ARGENT est devenu réellement une ÉNERGIE. En effet, lorsque tu effectues un achat, qu'il soit de 100 ou de 100.000 € avec ta carte bancaire, il n'y a pas de différence techniquement. L'information part, tout simplement, de la caisse où tu règles, passe par ta banque puis revient à la caisse du magasin, le tout en quelques secondes. Chaque jour, ce sont des milliards d'euros (ou autres monnaies) qui transitent sur la planète grâce aux différents moyens informatiques. Si l'on y réfléchit, c'est impressionnant, avec beaucoup d'avantages mais aussi des limitations.

En effet, ce moyen de règlement enlève à certaines personnes la conscience de l'argent et les conduit vers des difficultés financières. A l'inverse, pour retrouver ou développer la conscience de l'argent, je te conseille de régler les achats (épicerie et petits achats) en espèces.

D'autre part, j'ai rencontré plusieurs personnes qui avaient peu d'argent au départ et qui, par différents moyens légaux, sont devenus prospères, voire milliardaires. Je pense, entre autres, à un homme qui, employé dans une banque avec un salaire modeste, était passionné par la Bourse. Il a décidé de quitter son emploi « sécuritaire » pour une situation d'agent placier rémunéré en fonction des résultats. D'un autre côté, il a commencé à effectuer des placements minimes dans des actions très « porteuses ». Quinze années plus tard, il s'est constitué un capital de 2.250.000 €.

J'ai rencontré un homme qui se trouvait dans une dynamique plutôt négative. Il était engagé syndicalement à « gauche », avec un rapport négatif à l'argent. Sur la proposition d'un ami passionné par la Bourse, il a accepté de lui confier un capital d'environ 9.000 € pour le placer dans l'achat d'actions. Six années après, il s'est retrouvé avec un capital d'environ 520.000 €. Il s'est arrêté de travailler car il pouvait vivre avec ce capital, mais il n'a pas dit à ses amis, frères, sœurs et parents, qu'il avait gagné de l'argent de cette manière, alors il s'est « mis » en « paralysie partielle ». En effet, quand il sortait de chez lui, il avait beaucoup de difficulté pour marcher, mais s'il allait chez des parents, dans une autre région de la France, il marchait normalement. Il disait que son père ne l'aurait pas accepté dans cet état. Il avait acheté une belle voiture neuve mais il ne la sortait que le soir quand il faisait noir. Pour venir à ma formation, il conduisait sa vieille voiture.

En réalité, cet homme n'était pas prêt à recevoir l'abondance venant de cette manière-là et en toute légalité. Donc, il le « payait » sous forme de problèmes de santé. Ce qui est curieux, c'est que lorsque j'ai abordé le sujet de la santé, il était absent !...

Ce même phénomène se produit pour les personnes qui gagnent aux jeux tels que le Loto, etc., où il est constaté que la moitié des joueurs qui reçoivent des sommes importantes les perdent dans les mois qui suivent et se retrouvent en difficulté, car ils ne sont pas mentalement prêts à recevoir de telles sommes.

Je t'invite à observer où tu en es par rapport à ta capacité d'accueillir cette ÉNERGIE ARGENT dans ta vie.

Je te propose de prendre conscience le plus souvent possible du lien créé par l'ÉNERGIE ARGENT avec les autres personnes quand tu reçois ton salaire, que l'on te donne un chèque, un billet, ou que tu donnes un chèque ou un billet pour régler un achat. Cela te permettra de commencer à changer ta vision concernant l'ARGENT.

L'ÉNERGIE ARGENT
EST UNE ÉNERGIE SUBTILE,
RAPIDE AU NIVEAU DES EFFETS,
DANS LE SENS POSITIF
OU NÉGATIF.

IMPORTANT : *L'ÉNERGIE ARGENT EST MISE A NOTRE DISPOSITION, MAIS ELLE NE NOUS APPARTIENT PAS. C'EST UNE ÉNERGIE UNIVERSELLE QUI APPARTIENT AU TOUT. NOUS EN SOMMES LES DÉPOSITAIRES, LES GÉRANTS.*

L'ARGENT

EST

UNE ÉNERGIE DIVINE

L'ARGENT

EST UNE ÉNERGIE DIVINE

Avant de continuer sur ce sujet qui peut paraître surprenant, je vais partager avec toi ce que j'ai pu observer et découvrir. De plus en plus de scientifiques, de philosophes et autres chercheurs, qui adhèrent à la physique quantique, disent que la matière n'existe pas, que tout est essentiellement énergie, que la matière serait la manifestation d'un concentré d'informations. La majorité des chercheurs s'accordent pour dire qu'au niveau d'un atome se trouvent des électrons qui gravitent autour du noyau. Le noyau de l'atome représenterait la matière. Il semblerait que la concentration des noyaux d'atomes d'un corps humain ne représenterait que la grosseur d'une tête d'épingle, autrement dit rien ou si peu. Or, il semblerait que les noyaux eux-mêmes ne seraient qu'énergie.

On peut dire, de ce fait, que l'argent n'est qu'une énergie du point de vue de la physique quantique.

Par extrapolation, les scientifiques considèrent que l'UNIVERS ENTIER EST ÉNERGIE, et je le crois car, effectivement, la TERRE qui nous semble une masse énorme est peu de chose par rapport à l'univers. D'autre part, ces masses se meuvent dans l'univers d'une manière parfaite (voir notre système solaire).

Pour moi, il est évident qu'il y a une seule et unique énergie qui permet de maintenir cette HARMONIE PARFAITE que j'appelle le TOUT, DIEU, LE COSMOS, LA VIE, L'ÉNERGIE COSMIQUE, etc., peu importe le nom que tu donnes à cette DIMENSION.

J'adhère à cette notion où l'on dit que dans l'UNIVERS rien ne se crée, rien ne se perd, mais tout se transforme.

Cela veut dire que *l'UNIVERS EST ABONDANCE A TOUS LES NIVEAUX Y COMPRIS AU NIVEAU FINANCIER.*

Cela veut dire aussi que CHAQUE PERSONNE, sans exception, PEUT DISPOSER TRÈS LARGEMENT DE CE DONT ELLE A BESOIN, AU NIVEAU FINANCIER, POUR VIVRE SA LÉGENDE PERSONNELLE.

Si je considère que le TOUT ou DIEU est PRÉSENT dans chaque atome de l'UNIVERS, cela veut dire qu'Il est présent dans chaque personne, mais aussi dans la matière y compris dans l'argent en tant que tel. Je suis une partie du TOUT ou de DIEU ou ..., donc je suis un enfant de LA VIE, je suis DIEU.

Je crois que l'UNIVERS EST ABONDANCE, donc je suis ABONDANCE A TOUS LES NIVEAUX. C'est si vrai que tous les textes sacrés parlent d'ABONDANCE. Les textes que je connais les mieux sont les Evangiles. JÉSUS, sous des formes différentes, parle d'abondance notamment quand il dit que les oiseaux des champs ne sèment ni ne moissonnent et pourtant mangent à volonté car DIEU « s'occupe » d'eux. Il ajoute qu'il en est de même pour les hommes car ils sont DIVINS. Nous retrouvons l'équivalent dans la parabole des talents.

JÉSUS avait parfois des paroles choquantes dont voici un exemple que je cite souvent. Il dit : *« Celui qui a déjà et qui rend grâce ou remercie, il lui sera tout donné ; mais celui qui a peu et qui a peur du manque, le peu qu'il a lui sera enlevé ».* Je peux confirmer que ces paroles sont vraies dans les faits et que chacun peut en faire la démonstration. En effet, j'ai constaté que les personnes qui ont pris l'habitude de rendre grâce, de bénir ou de remercier, obtiennent plus que les autres, et ceci dans tous les domaines.

Je t'invite à remercier pour le fait d'être en bonne santé en te levant le matin,
- à remercier pour un lever de soleil,
- à remercier pour un chant d'oiseau, pour une fleur,
- à remercier d'avoir un conjoint qui t'aime, des enfants, etc.,
- à remercier pour tout ce que tu possèdes (argent, biens matériels),

- à remercier pour un sourire, une parole sympathique, etc.,
- à remercier pour.....

En remerciant, tu reconnais ce que tu as reçu, et tu obtiendras toujours plus dans tous les domaines et, en particulier, là où tu portes le plus ton attention.

LA CONSCIENCE DE L'ABONDANCE ATTIRE DE FAÇON CERTAINE L'ABONDANCE. telles sont les LOIS UNIVERSELLES. A l'inverse, comme je l'écris au début de ce livre, plus tu as peur de manquer, et plus tu vas créer le manque.

En réalité, JÉSUS connaissait parfaitement le pouvoir de la PENSÉE et les LOIS de l'UNIVERS. mais ce n'est pas l'enseignement qui nous a été transmis au fil des siècles.

JÉSUS savait que les HUMAINS créent leurs réalités positives ou négatives, sinon il n'aurait pas dit : *« Celui qui a peur et qui a peur du manque, le peu qu'il a lui sera enlevé »*. Cela veut dire que l'on n'a aucun mérite à être pauvre.

Je vais peut-être te choquer en disant que la pauvreté *subie* est la preuve que nous ne sommes pas totalement reliés au DIVIN. C'est la preuve que nous sommes en partie séparés ou déconnectés du DIVIN EN NOUS. Imagine que tu as un père immensément riche qui te propose de partager ses richesses, et que tu décides de vivre dans la pauvreté. C'est un peu cette image qui ressort par rapport au TOUT, à DIEU.

La pauvreté *choisie,* c'est tout autre chose, car la personne qui a fait le choix de vivre pauvrement peut revenir à n'importe quel moment dans l'abondance, car elle connaît cet état et sait que sa SOURCE est le DIVIN. Ce qui a provoqué cette rupture avec l'ABONDANCE DIVINE, c'est le fait que certaines structures religieuses ont opposé DIEU et l'ARGENT en disant que nous ne pouvons pas avoir deux maîtres, que l'argent est mauvais, etc., et, paradoxalement, ces mêmes structures fonctionnent avec de l'argent...

Je rappelle un point important qui peut surprendre : c'est que l'on n'enrichit personne en s'appauvrissant, mais on enrichit tout le monde en s'enrichissant. Je m'explique sur ce point : en effet, celui qui s'appauvrit avec la conscience qu'il y a manque et qu'il faut partager, va être de plus en plus dans la plainte du manque et va créer un manque dans sa vie de manière concrète et, de ce fait, il ne pourra plus partager avec les autres. A l'inverse, celui qui a la CONSCIENCE de l'ABONDANCE UNIVERSELLE et d'ÊTRE RELIÉ au TOUT, à DIEU, celui-ci devient très riche intérieurement et cela se manifeste dans sa vie à tous les niveaux. Il va devenir un témoin vivant et il pourra témoigner et aider les personnes autour de lui pour qu'elles connaissent, elles aussi, l'abondance et pour qu'elles créent l'abondance.

En s'appauvrissant on crée une dépendance en donnant à l'autre et, en s'enrichissant, on devient libre en s'offrant la possibilité de faire la démonstration de l'abondance dans sa vie.

Beaucoup de personnes qui sont dans une démarche spirituelle sont limitées ou sont en difficulté sur le plan financier. Cela veut dire qu'elles ne croient pas dans l'abondance de la vie. Cela peut être dû au fait qu'elles se désintéressent de la matière en général. Or, je rappelle que nous sommes sur terre pour être des co-créateurs avec le DIVIN. Nous sommes venus pour expérimenter la dimension spirituelle dans la matière et non pas pour vivre dans les nuages ou dans l'illusion au sens négatif du terme.

Je pense, pour l'avoir observé, que plusieurs personnes ont découvert la vraie FOI à travers l'ARGENT. Cependant, peu de personnes croient réellement que DIEU peut se manifester sous cette forme.

Personnellement, j'ai beaucoup expérimenté sur ce sujet et je peux affirmer que DIEU est ABONDANCE. Je donne mon témoignage dans mon livre autobiographique *« Découvrir tes Trésors »* à travers des dizaines de situations que j'ai vécues et qui se sont résolues de façon extraordinaire et merveilleuse. Oui, depuis 1986, année où j'ai découvert les LOIS UNIVERSELLES, je peux dire à quel point la vie est MERVEILLEUSE et EXTRAORDINAIRE. Oui, je constate que la VIE est GÉNÉREUSE à tous les niveaux, si nous savons l'accueillir. Cela est accessible à TOUS, absolument à TOUS.

LA VÉRITABLE FOI, C'EST ?

- à chaque fois que tu ne peux pas réaliser un projet pour des raisons financières,
- à chaque fois que tu ne peux pas acheter quelque chose que tu aimerais parce que ton compte en banque ne te le permet pas
- quand tu aimerais changer d'entreprise, de métier ou que tu aimerais créer ton entreprise, et que tu ne peux pas le faire à cause de l'argent,

c'est que l'ARGENT EST DEVENU TON MAÎTRE, et dans ces conditions, l'argent est un mauvais maître car il te soumet. C'est pour cela que JÉSUS a dit que nous ne pouvons pas avoir deux maîtres et qu'il fallait choisir. Or, de nombreuses personnes sont tributaires de l'argent pour agir dans leur vie et ne vivent pas comme elles le souhaiteraient.

AVOIR LA VÉRITABLE FOI, c'est s'affranchir de cette soumission, et cela est possible **en AYANT LA CERTITUDE QUE L'UNIVERS EST ABONDANCE.**

En résumé, tant que je suis conditionné par l'argent pour agir, l'argent est mon maître et l'objectif à atteindre, c'est de vivre et de réaliser ce que j'ai envie de vivre, et de le réaliser sans me poser la question : « ai-je ou non l'argent pour le faire ? », en s'assurant, bien sûr, que cela correspond au projet de mon âme.

C'EST CELA LA VÉRITABLE FOI EN L'UNIVERS, EN DIEU.

Tu peux penser que c'est insensé, déraisonnable et impossible.

Cette démarche de foi s'effectue progressivement en l'expérimentant des dizaines de fois concrètement. Commence dès maintenant à la vivre dans ta vie avec des expériences simples, à ta portée, et progressivement tu observeras que cela fonctionne également pour toi. Commence dès maintenant à t'ouvrir à l'abondance merveilleuse de la vie.

Plus de la moitié de la population mondiale dit croire en une DIMENSION SPIRITUELLE. Comment se fait-il qu'il y ait autant de limitations, de pauvreté, de crises économiques ? Parce que peu de personnes croient en l'ABONDANCE DE L'UNIVERS. Certains pensent que si cela existait, cela se saurait. D'autres personnes y croient vraiment et commencent à témoigner et à partager leur vécu.

OUI, L'ARGENT EST UNE ÉNERGIE DIVINE, UNE ÉNERGIE SACRÉE, UNE MANIFESTATION DE DIEU.

Peut-être vas-tu penser que l'argent n'arrive pas comme cela, en claquant des doigts ?...

« S'OUVRIR »

POUR ACCUEILLIR

L'ARGENT INATTENDU

« S'OUVRIR »

POUR ACCUEILLIR

L'ARGENT INATTENDU

Lorsque, dans mes conférences, je parle de l'énergie « Argent » en expliquant que l'UNIVERS est ABONDANCE et que chacun peut disposer de la somme dont il a besoin pour son épanouissement personnel, certaines personnes doutent que cela soit possible.

Je propose à ceux qui participent à mes formations de récupérer au minimum, d'une manière exceptionnelle, le montant de la formation, plus les frais annexes (hébergement, déplacements). Aujourd'hui, je peux affirmer que chaque groupe a atteint l'objectif, tout en sachant qu'à l'intérieur des groupes, il y a des différences entre les personnes selon les motivations.

Si je voulais écrire tous les témoignages sur ce sujet, il me faudrait plusieurs livres. En effet, c'est un objectif commun à tous les groupes que je propose, car c'est l'un des points où il y a le plus de blocage. Plus les personnes font des expériences concernant l'argent, plus elles se libèrent et plus elles vivent leur LÉGENDE PERSONNELLE.

Je vais te citer plusieurs exemples parmi les milliers de témoignages donnés par les stagiaires, et je commence par celui d'une femme qui habite à huit kilomètres d'une piscine au nord de la ville de Nantes, et dont les deux enfants y prennent des cours de natation.

Un jour, elle décide de conduire ses enfants au cours de natation qui dure une heure, en prévoyant de leur donner de l'argent pour qu'ils puissent revenir au domicile en bus, car elle a projeté de rendre visite à une amie à l'hôpital au sud de la ville après avoir déposé ses enfants à la piscine. Donc, avec la traversée de la ville, cela suppose une absence d'environ trois heures.

A mi-chemin, au volant de sa voiture, elle s'est aperçue qu'elle a oublié de prendre de l'argent. Elle est restée sereine car elle a trois possibilités : la première, qu'elle trouve une personne qui lui prête de l'argent pour payer les tickets de bus ; la deuxième, qu'une personne puisse reconduire ses enfants à la maison ; et la troisième, n'ayant pas trouvé quelqu'un pour reconduire ses enfants ou lui prêter de l'argent, que c'est le signe qu'elle ne doit pas aller voir son amie ce jour-là.

En réalité, elle n'a pas pensé à une autre possibilité. En effet, alors qu'elle s'est garée près de la piscine, au même moment un billet de 5 € est venu se coller sur le pare-brise de sa voiture. Elle a pris le billet tout en regardant autour d'elle pour voir si quelqu'un l'avait perdu. Visiblement, personne ne paraissait le chercher. Elle a remercié la VIE de lui avoir donné ce billet qui lui a permis d'acheter des tickets de bus et de voir son amie à l'hôpital.

Imagine avec quelle précision agit la VIE ! Personnellement, à chaque fois que j'entends ce genre de témoignage, je suis émerveillé et je suis heureux pour ces personnes.

Dans l'un de mes groupes, il y avait une femme qui se montrait très sceptique en m'entendant donner des témoignages. Je lui ai expliqué que son scepticisme était normal et qu'il était sain de douter. Je lui ai proposé alors d'expérimenter dans sa vie l'ARGENT inattendu.

Dans le courant de février, sa fille a apporté, en revenant de l'école, un document qui proposait un voyage scolaire en Angleterre, d'un coût de 140 €, qui devait avoir lieu au mois de juin. L'école demandait de verser 75 € d'arrhes en février et les 65 € restants au mois de juin.

Cette femme, se trouvant sans emploi, était très limitée financièrement, car elle avait trois enfants qu'elle élevait seule. Elle devait être très attentive pour boucler son budget chaque mois.

Elle n'avait pas l'argent pour payer les arrhes demandés par l'école, mais elle désirait faire plaisir à sa fille en lui offrant ce voyage scolaire. En conscience, et en pensant à ce que je lui avais dit, elle a décidé d'expérimenter l'ABONDANCE DE L'UNIVERS en remplissant un chèque sans provision de 75 € qu'elle a donné à sa fille pour l'école, dès le lundi matin. Elle s'est engagée à faire totalement confiance dans la générosité de la VIE.

Le lendemain matin, elle a reçu de l'Office des HLM un chèque de 75 € pour un trop perçu de charges locatives. Cela faisait dix années qu'elle habitait cet appartement et elle n'avait jamais reçu aucun remboursement.

Le mercredi matin, elle a trouvé un billet de 100 € dans sa boîte aux lettres, sans jamais savoir qui l'y avait déposé. Pour finir, le vendredi suivant, le facteur lui a remis une lettre avec un chèque de 50 € de la Caisse d'Allocations Familiales pour lequel elle n'a jamais su, également, le pourquoi de ce règlement.

Par trois moyens différents et imprévus, cette femme avait réuni les 140 € nécessaires au voyage de sa fille. Cette expérience lui a permis de croire dans la VIE et dans l'enseignement que je lui ai proposé. Elle souhaitait trouver un emploi à mi-temps pour vivre confortablement financièrement, et cet objectif s'est concrétisé le mois suivant, exactement de la manière qu'elle désirait.

Une autre femme souhaitait participer à ma formation mais n'en avait pas les moyens financiers. Je lui ai indiqué que, si elle était motivée, l'argent serait au rendez-vous. Lors du premier module, nous en avons parlé. Elle m'a dit qu'elle ne voyait pas comment cela pouvait arriver et elle a poursuivi en m'expliquant qu'elle a quitté son travail, il y a dix ans, pour s'occuper de sa fille accidentée par un tiers, et que depuis elle n'a pas retrouvé son emploi. Par ailleurs, elle était divorcée. Je lui ai demandé si elle avait été indemnisée par l'assurance pour le temps passé à s'occuper de sa fille. Sa réponse a été « non ».

Je lui ai alors proposé d'oser écrire à son assurance en exposant sa situation, même si dix années s'étaient écoulées depuis l'accident. Elle l'a fait, sans conviction, et pourtant, quelques semaines plus tard, elle a reçu un chèque de 5.300 €.

Dans le cadre de mes formations, je propose d'effectuer des recherches pour connaître le prix juste de toutes les choses importantes comme pour l'achat ou la vente d'une voiture, d'une entreprise ou d'une maison, etc., et je suis toujours émerveillé de constater comment notre âme connaît tous les paramètres de façon juste.

Je me souviens, en 1990, d'un homme qui voulait vendre ses bâtiments anciens. Il a demandé à son ami notaire de les évaluer. Celui-ci lui a annoncé le chiffre de 30.000 € maximum. Le propriétaire a trouvé que c'était peu car il en voulait au moins 45.000 €. J'ai alors indiqué à cette personne, dans le cadre de mes formations, comment rechercher le juste prix. *(Voir à la page 121 comment effectuer ces recherches).*

Après avoir effectué la recherche, il en est ressorti qu'il devait vendre ses bâtiments au prix de 115.000 €. Il m'a téléphoné pour me dire que ma méthode ne pouvait pas être bonne vu le grand écart de prix. Il m'a assuré qu'il s'était bien concentré au moment où il avait fait la recherche. Alors, je lui ai conseillé de mettre en vente au prix le plus fort. Cela lui a valu les moqueries du notaire pour qui le prix était insensé et qu'il serait conduit à le diviser par deux ou trois.

Peu après que le panneau « à vendre » ait été posé, un homme de la région parisienne, en déplacement dans le Maine-et-Loire, a téléphoné au notaire pour visiter les bâtiments. Celui-ci, n'étant pas disponible, lui a donné l'adresse du propriétaire qui lui a montré la bâtisse. Le parisien, très intéressé, lui a demandé le prix.

Le propriétaire lui a indiqué le prix de 115.000 € et l'acheteur lui a répondu que pour ce montant-là, il était d'accord. Puis, ce dernier lui a dit que les bâtiments étaient surévalués vu leur mauvais état, mais qu'il acceptait pour une tout autre raison, à savoir que ces bâtiments avaient été construits par les templiers et que c'était la chapelle en ruine qui l'intéressait.

Le propriétaire ne savait pas tout cela. Le futur acheteur lui a précisé qu'ayant beaucoup étudié les templiers, il savait que certains d'entre eux étaient des « magiciens » et qu'ils pouvaient créer dans certains lieux de véritables *trésors* au niveau « énergétique ». Lui-même a appris à décoder ces « ÉNERGIES SUBTILES » dans les lieux où avaient séjourné les templiers. Il se trouve que cette chapelle dégage une ÉNERGIE PARTICULIÈRE. C'est pour cela qu'il a accepté le prix demandé.

Il n'y a peut-être qu'une centaine de personnes en France qui connaissent ces secrets, alors on peut se demander pourquoi cet acheteur est venu ? On est ici dans les LOIS D'ATTRACTION. Quand l'intention est claire et que l'on maintient cette intention, elle se concrétise. Si le propriétaire n'avait pas recherché le prix juste, il aurait eu un manque à gagner de 70.000 €.

Un autre homme, participant à mes formations, avait deux projets importants mais ne disposait pas de la somme totale pour leur réalisation. Il lui manquait 1.500 € sur le montant des 9.000 € nécessaires.

Il m'a demandé comment choisir entre les deux projets. Je lui ai alors expliqué que, peut-être, ses projets pourraient se réaliser s'ils étaient justes pour son âme. Pour en ÊTRE CERTAIN, je lui ai proposé d'utiliser le jeu « LES CARTES DU BONHEUR » dans lequel il y a des cartes blanches qui sont remises dans le jeu après les avoir écrites.

Sur une carte, il a écrit le premier projet, à savoir : *« Aller avec sa famille pendant trois semaines en Guadeloupe, en 1992 »,* et sur une deuxième carte : *« Nous effectuons les travaux dans notre maison d'habitation uniquement en 1992 »,* et sur une troisième carte : *« Nous réalisons les deux projets en 1992 ».* Il faut savoir que les deux projets atteignaient 4.500 € chacun. Il a mis les trois cartes dans le jeu mêlées aux autres. (*On considère que lorsque l'une de ces trois cartes sort dans un tirage elle donne la réponse).*

Environ quinze jours après avoir placé ses cartes dans le jeu, il a sorti : *« Nous réaliserons les deux projets en 1992 ».* Il est parti avec sa femme et ses enfants en Guadeloupe et le coût du voyage a bien été de 4.500 €. A son retour, sans qu'il n'ait rien demandé, son père lui a donné 1.500 € sans savoir que son fils en avait besoin pour réaliser son deuxième projet. Il a remercié son père et aussi le DIVIN pour cette ABONDANCE.

Ce qui l'a interpellé le plus, c'est que, quelques matins plus tard, il a trouvé un billet de 100 F glissé sous sa porte d'entrée, alors que personne ne lui devait rien. Il n'a jamais su qui le lui avait donné. Ce don, c'était comme si la VIE lui confirmait que tout est possible.

Je cite maintenant ce témoignage qui est la démonstration de la VÉRITABLE FOI DANS LE DIVIN, dans la VIE :

Une femme était en difficulté momentanée sur le plan financier et elle n'avait plus d'argent pour acheter le nécessaire pour manger. Cependant, elle avait la certitude que DIEU lui donnerait ce dont elle avait besoin.

Elle s'est alors dirigée avec son panier vers le magasin situé à cinq cents mètres de chez elle, pour acheter de quoi manger, avec la certitude qu'elle reviendrait avec son panier rempli de nourriture pour plusieurs jours. A mi-chemin, elle a trouvé un billet de 500 F. A quelques mètres, un homme qui travaillait dans une tranchée l'a interpellée pour lui demander ce qu'elle avait ramassé. Elle lui a montré avec joie le billet de 500 F. Alors l'homme lui a dit : *« J'ai vu ce papier par terre et j'ai vu aussi plusieurs personnes marcher dessus sans le voir. Moi-même, je croyais que c'était un papier sans importance. Mais quand vous êtes passée, ce papier s'est déplié et s'est « ouvert » à vous ».* Cette femme avait une FOI si grande que la VIE lui a répondu. Il en est toujours ainsi pour ceux qui croient vraiment.

Un jour, mon fils, avec plusieurs copains et copines, avait prévu de participer à un spectacle à Lorient, dont le coût atteignait 40 € par personne. Arrivé à Lorient, il s'est aperçu qu'il avait oublié de prendre de l'argent. Ses amis ne pouvaient pas lui en prêter étant eux-mêmes très justes financièrement. Dans ces circonstances, mon fils ne pouvait plus participer au spectacle. Il a alors réagi en se disant qu'il souhaitait vraiment y participer et qu'il trouverait une solution. Avec les quelques euros qu'il avait sur lui, il a décidé d'acheter sur place un billet du « Millionnaire » et il a gagné largement la somme qui lui était nécessaire.

Je me souviens d'un homme qui voulait participer à l'un de mes séminaires mais qui n'avait pas l'argent nécessaire et pourtant cela lui paraissait important d'y participer. Je lui ai dit qu'il y aurait une bonne solution s'il faisait confiance. Lors de la présentation, il a osé déclarer devant le groupe qu'il n'avait pas l'argent nécessaire mais qu'il faisait confiance. Une femme a pris alors la parole et a annoncé qu'elle avait reçu une somme importante en même temps qu'un message intérieur pour qu'elle aide une personne. Elle lui a offert le séminaire avec beaucoup de bonheur.

A chacun des milliers de témoignages que me donnent les participants dans mes groupes, je suis émerveillé d'observer comment se manifeste l'ABONDANCE de la VIE dans l'existence de chacun. C'est toujours d'une manière différente et imprévisible. D'ailleurs, j'ai remarqué que, lorsqu'on demande de l'argent, **il est important de ne pas chercher à savoir comment et sous quelle forme cela se manifestera, car cela peut empêcher la matérialisation.** La manière dont la VIE RÉPOND pour nous combler est imprévisible, car souvent cela s'effectue sous forme d'INITIATION. J'ai en effet constaté que nous recevons non seulement ce que nous demandons mais, qu'en plus nous découvrons tout ce qui peut être possible dans l'infini des possibles.

OUI, TOI AUSSI, TU PEUX VIVRE DE TRÈS BELLES EXPÉRIENCES. OUI, TU AS LA POSSIBILITÉ DE T'OUVRIR A L'ABONDANCE DE L'UNIVERS.

DEUXIÈME PARTIE

COMMENT ACCUEILLIR
L'ARGENT
DANS TA VIE ?

<u>COMMENT ACCUEILLIR</u>

<u>L'ARGENT DANS TA VIE ?</u>

EN CHANGEANT TA MANIÈRE DE PENSER ET DE PARLER.

Je t'invite à supprimer les phrases suivantes :

- J'ai de petits moyens, mais de grosses dépenses.
- J'ai un petit revenu ou un petit salaire.
- Je suis toujours débiteur, mon compte est toujours à zéro.
- Je n'arrive pas à payer ce que je dois.
- Mes fins de mois sont toujours difficiles.
- Je dépense plus que je ne gagne.
- Je n'y arriverai jamais.
- La vie est chère, tout est cher.
- J'ai peur de manquer, de ne pas y arriver.
- Etc., etc...

Toutes ces phrases ou l'équivalence vont te conduire de façon certaine vers le manque et les difficultés.

De même, si tu dois cent euros pour payer une facture et que tu as peur de manquer et de ne pas arriver à la payer, effectivement tu auras quatre-vingt euros pour payer et il te manquera vingt euros. Cela renforcera ta croyance et te donnera raison dans ta peur de manquer.

D'une autre manière, si tu demandes à avoir juste ce qu'il faut pour payer la facture de cent euros, tu recevras cent euros. Mais si tu fonctionnes comme cela d'une manière générale, tu boucleras tes fins de mois, mais dans des conditions stressantes. J'entends souvent des personnes dire : *« Mon objectif est de « boucler » mes fins de mois »,* et la dernière semaine du mois, ces personnes sont obligées de compter et de se restreindre pour y arriver. Elles ont créé cette situation par leurs pensées et leurs paroles.

Maintenant, si tu imagines que tu as LARGEMENT ce qu'il faut pour payer les cent euros, tu auras cent vingt cinq euros, donc tu seras plus à l'aise. Si tu visualises que tu as TRÈS LARGEMENT ce qu'il faut pour payer les cent euros, tu auras cent cinquante euros. Et si tu visualises que tu as TRÈS LARGEMENT ce qu'il faut et que tu as un SURPLUS DIVIN, tu recevras deux cents euros, ce qui permet d'être dans une situation plus confortable. Bien sûr, ce n'est pas aussi mathématique que cela, mais je peux dire qu'en moyenne c'est de cet ordre-là.

Je t'invite, en permanence, à penser d'une manière générale que tu as très largement ce dont tu as besoin pour acheter ce qui est juste et bon pour toi, et que tu as un SURPLUS DIVIN merveilleux, et que la VIE est généreuse pour toi.

Dis souvent avec certitude et conviction :

- J'ai un très bon revenu.
- J'ai un compte toujours largement positif.
- J'achète facilement ce dont j'ai besoin pour l'évolution harmonieuse de ma vie.
- La VIE pourvoit très largement et en permanence à mes besoins.

Par ailleurs, je t'invite à faire le point par rapport à ton passé, à savoir : Comment ton père parlait de l'argent ;

comment il l'utilisait ; s'il vivait dans l'abondance ou dans la limitation ; quels étaient ses revenus.

Je te propose d'effectuer la même démarche vis-à-vis de ta mère.

Il est intéressant également d'élargir cette recherche à ta famille au sens large (grands-parents, oncles, tantes, etc.) et d'observer comment ils ont parlé de l'argent, s'ils ont réussi ou échoué.

Je pense qu'il est très important de remonter assez loin dans la généalogie de ta famille et d'observer ce qui s'est passé, car il arrive que des personnes vont reproduire inconsciemment les mêmes scénarios ou se retrouver dans des scénarios inverses par opposition.

Par exemple, je pense à une femme dont le père était raciste et avare. Elle s'est mariée avec un sénégalais qui n'avait pas d'argent et s'est mise dans une situation d'échec. Bien sûr, ce n'est pas parce qu'elle s'est mariée avec un étranger qu'elle a eu ses problèmes, mais parce qu'elle l'a fait par opposition. J'ai entendu plusieurs témoignages où des personnes, qui avaient des parents avares qui thésaurisaient par peur du manque, dépensaient au-delà de ce qui est raisonnable.

C'est ce que l'on appelle des contre-scénarios. Dans les deux cas, ces personnes sont dans le stress.

Tu as peut-être entendu des personnes de ta famille te dire :
- Que tu es dépensier, dépensière !
- Que l'argent te file entre les doigts !
- Que tu es un « panier percé » !
- Que tu ne fais pas attention !
- Que l'argent ne fait pas le bonheur !
- Que l'argent est sale ! (à ce sujet, je pense au témoignage d'une personne à qui on demandait, étant enfant, de se laver les mains à chaque fois qu'elle touchait à l'argent. Donc, dans son esprit, l'argent était sale).
- Qu'il faut gagner sa vie à la sueur de son front !
- Etc., etc...

Après avoir effectué la synthèse de tout cela, je t'invite à prendre conscience pour savoir où tu en es dans ta vie dans tes rapports avec l'argent. As-tu reproduit ou mis en place des contre scénarios. Quelles sont tes croyances ? Comment vois-tu l'argent et comment en parles-tu ? Vis-tu dans l'abondance ou dans la limitation ?

IMPORTANT. – Cette démarche d'introspection est essentielle pour commencer à accueillir la prospérité dans ta vie. Je te conseille de prendre le temps d'écrire le maximum de détails car cela te permet, par ta prise de conscience, de te LIBÉRER DU PASSÉ.

AUJOURD'HUI,
TON COMPTE EN BANQUE
EST LE RÉSULTAT DE TES CROYANCES
POSITIVES OU NÉGATIVES.

Il est essentiel d'ACCUEILLIR ton passé, tes croyances, tes limitations, et de changer tes pensées et tes paroles, pour accueillir l'abondance à tous les niveaux y compris celui de l'argent.

CRÉER

DANS TON ESPRIT

LA PROSPÉRITÉ

CRÉER DANS TON ESPRIT LA PROSPÉRITÉ

La prospérité est un état d'esprit. En effet, pour connaître la prospérité, cela suppose que tu aies des pensées de prospérité et que tu parles de prospérité.

Tu peux recevoir ce que tu es capable de concevoir par tes pensées et tes paroles, et ce que tu arrives à maintenir dans ton esprit.

A ce sujet, je rappelle quelques éléments concernant le fonctionnement non seulement du cerveau, mais aussi de toutes les parties du corps.

On constate, aujourd'hui, par une multitude d'expériences concrètes et par des recherches scientifiques, que le cerveau a un pouvoir de matérialisation. Ce pouvoir de matérialisation est en lien direct avec la puissance de la pensée et de la parole.

Des amis m'ont montré, dernièrement, un montage vidéo sur la physique quantique concernant le cerveau. J'ai été émerveillé car, depuis 1986, je l'expérimente concrètement dans ma vie et dans tous les domaines. J'ai vu, dans ce montage, l'explication scientifique de ce que je vis.

Les chercheurs expliquent que, selon les pensées et les croyances que nous avons, nous activons certaines zones du cerveau. Ils ont pris l'exemple d'une personne coléreuse (une zone de son cerveau est ACTIVÉE, donc PROGRAMMÉE) et il suffit d'une simple frustration ou contrariété pour RÉACTIVER cette zone du cerveau créant ainsi une réaction disproportionnée.

Un autre exemple montre un homme boulimique qui se trouve devant un gâteau. Immédiatement la zone du cerveau correspondante est ACTIVÉE, provoquant un comportement également disproportionné face à la nourriture. Les chercheurs citent le cas d'une femme qui s'est « programmée ». Elle attire, inconsciemment bien sûr, ou s'attire régulièrement des difficultés. On voit, alors qu'elle assiste à un repas de mariage, le serveur lui tacher sa robe avec du jus de fruits. Elle s'est exclamée : *« C'est toujours à moi que cela arrive ! »*, comme si ce fait était une fatalité. En réalité, son cerveau est programmé pour attirer ce genre de mésaventure.

Les chercheurs démontrent également que plus les personnes parlent de leur passé en négatif, plus elles RÉACTIVENT ce passé, et s'y embourbent. A l'inverse, même si l'on a connu ou si l'on connaît encore des limites dans quelque domaine que ce soit, on peut complètement inverser les événements.

EN CHANGEANT NOS PENSÉES POUR LES ORIENTER VERS CE QUE NOUS SOUHAITONS VIVRE, NOUS DÉSACTIVONS LES PARTIES DU CERVEAU EN LIEN AVEC LE PASSÉ ET NOUS EN ACTIVONS D'AUTRES PARTIES PERMETTANT DE CRÉER UNE RÉALITÉ POSITIVE

L'ÊTRE HUMAIN est doué de capacités extraordinaires pouvant créer de nouvelles réalités, et je le confirme dans mon livre *« Découvrir tes trésors ».* Sur le plan financier, j'ai vécu de nombreuses expériences, comme en ont vécu aussi les personnes qui participent à mes groupes.

Pour ACTIVER de nouvelles parties du cerveau, cela suppose plusieurs éléments importants :

- Définir clairement ce que tu souhaites (d'où l'importance d'écrire tes souhaits).
- Maintenir le plus souvent possible les images de ce que tu souhaites voir se réaliser.
- A chaque fois que des images ou concepts erronés te viennent à l'esprit, tu dois les accepter et les remplacer IMMÉDIATEMENT par les concepts souhaités.
- Savoir être persévérant sans obsession.
- Avoir la certitude que tes souhaits se réaliseront, ou ce qu'il y aura de mieux pour toi.

- Avoir la CONFIANCE et la FOI que cela se réalisera harmonieusement et de façon juste.

Cette démarche est valable pour la PROSPÉRITÉ, mais aussi pour TOUTES LES AUTRES PARTIES DE TA VIE.

Cela peut paraître exigeant, sans doute au départ, mais par la suite cela devient une habitude de fonctionnement. En fait, cela devient de plus en plus facile et, compte tenu des résultats, tu auras encore plus d'enthousiasme pour aller plus loin dans les détails. OUI, tu entres véritablement dans ta PUISSANCE DIVINE car tu deviens un VÉRITABLE CRÉATEUR CONSCIENT.

Au début, cela suppose une certaine discipline qui « oblige » les cellules du cerveau à abandonner les vieux schémas pour aller vers le nouveau, les conceptions nouvelles. Une fois que le cerveau a accepté ces nouveaux concepts et qu'il les a enregistrés, il les concrétisera. Comment cela se matérialise-t-il ? Si tu souhaites avoir un revenu supérieur, si tu l'as bien visualisé et programmé, et que ton cerveau l'a enregistré, il va te conduire vers la ou les situations qui permettront la concrétisation. Ce peut être par la rencontre d'une personne qui t'indiquera qu'un poste est à pourvoir dans une entreprise avec un salaire intéressant. Cela peut être aussi une opportunité pour créer ton entreprise en vendant un produit avantageux.

En imaginant que la prospérité (ou autre chose) arrive facilement, tu peux obtenir aisément des résultats inattendus. Je rappelle que nous n'avons aucun mérite en obtenant des résultats dans la difficulté, le stress ou autre conception négative. Nous sommes venus sur terre pour JOUER AU GRAND JEU DE LA VIE.

Plus tu seras relaxé, détendu, vivant dans la JOIE, la SÉRÉNITÉ, l'HARMONIE, la PAIX, et plus il te sera facile d'obtenir ce que tu désires.

Pour revenir au montage vidéo, les intervenants démontrent que la matière est essentiellement énergie, et que la matière est une CONCENTRATION D'INFORMATIONS.

Cela veut dire que l'argent est une concentration d'informations, donc une énergie qui se matérialise, en quantité illimitée et disponible pour chacun suivant ses besoins.

CHAQUE PERSONNE,
SANS EXCEPTION,
PEUT DISPOSER TRÈS LARGEMENT
DE L'ARGENT DONT ELLE A BESOIN
POUR RÉALISER SES PROJETS
ET SA LÉGENDE PERSONNELLE.

EN AYANT

DES PROJETS JUSTES

ET HARMONIEUX

EN AYANT DES PROJETS JUSTES ET HARMONIEUX

Plus les personnes sont dans une démarche d'évolution, plus elles développent leur niveau de conscience, et plus il est essentiel qu'elles aient des projets justes qui correspondent à leur MISSION DE VIE.

Dans mon livre *« Découvrir tes Trésors »,* j'ai témoigné comment, étant agriculteur, je croyais être à ma place. J'ai parlé de mon métier comme d'une vocation et pourtant il ne me correspondait pas. C'est la raison pour laquelle je me suis retrouvé en difficulté financière.

Si tu as des projets importants tels que construire une maison, créer ton entreprise, acheter une voiture, ou tout autre projet, il est essentiel d'être dans le discernement.

En ce qui concerne le projet d'achat ou de construction d'une maison, je te conseille de rencontrer un numérologue ou un astrologue pour t'assurer que tu es bien dans la bonne année. En te référant à la numérologie, qui tient compte des années personnelles, tu éviteras d'acheter ou de construire dans une année personnelle 7 ou 9, car très souvent il se crée des complications qui entraînent des difficultés sur le plan financier ou dans d'autres secteurs de la vie de l'intéressé.

Rappel du calcul des années personnelles en numérologie :

Tu additionnes ton jour de naissance, ton mois de naissance et l'année en cours. Exemple : l'année personnelle d'une personne qui est née le 12 mai 1975, est, en 2006 : 12+5+2006=16=1+6=**7**. Année personnelle : **7**. En numérologie, les cycles des années personnelles sont de 9 ans, donc cela va de 1 à 9.

Pour revenir à l'achat d'une maison ou d'un appartement, il est important de te « laisser choisir » plutôt que de choisir en fonction de tes moyens financiers. Suis ton ressenti, ton intuition. J'ai remarqué que les personnes qui choisissent en écoutant leur cœur trouvent des lieux en harmonie avec eux et que l'argent nécessaire se trouve au rendez-vous également.

Je citerais le cas d'une amie qui avait le projet d'acheter un lieu pour accueillir dans un endroit tranquille des personnes en difficulté psychologique qui avaient besoin de repos et d'écoute. Elle se trouvait dans une année favorable pour réaliser son projet. Elle a visité un endroit avec une grande maison et un garage immense qui pouvait être aménagé en salle d'activités. Le tout sur un hectare de terrain avec beaucoup d'arbres et des plantations diverses. Après avoir cherché d'autres endroits dans le sud de la France, elle n'a pas trouvé mieux que le premier pour lequel elle avait eu le « coup de cœur ».

Cette amie croit beaucoup dans le DIVIN en elle, à cette FORCE UNIVERSELLE qui nous accompagne pour réaliser nos projets. Elle s'est adressée à cette DIMENSION en elle, en disant : *« Je suis disponible pour ce projet qui correspond à mon cœur.*

J'accueille ce projet et j'ai tous les moyens qui me sont donnés au niveau humain et financier et tout ce qui est nécessaire à sa réalisation juste et harmonieuse ».

Quelques semaines plus tard, lors de l'assemblée générale d'une association, elle a parlé de son projet humanitaire, en précisant qu'elle accueillait les personnes intéressées qui voudraient y participer physiquement et financièrement. A la fin de la rencontre, un homme est venu la voir et lui a dit qu'il n'avait pas de temps à consacrer à son projet, mais qu'il pouvait y participer financièrement. Il lui a expliqué qu'il donnait habituellement de l'argent à l'ARC (Association sur la Recherche du Cancer), mais que cette année-là, à cause du scandale qui avait eu lieu, il n'avait pas envie de subventionner cette association. Ce même jour, il lui a signé un chèque de 130.000 € correspondant au montant de l'achat du lieu. Cet homme ne lui a jamais demandé comment elle avait utilisé cet argent.

Autre témoignage identique : celui d'un couple dont le projet était d'accueillir des personnes adultes dans le besoin d'aide. Ils projetaient de construire une maison assez grande pour recevoir quatre adultes, en fonction de leur budget, sachant que leur véritable souhait était de bâtir un bâtiment plus grand afin de pouvoir accueillir des groupes et de les héberger.

Ce couple a remis ce projet au DIVIN en demandant ce qui était juste pour eux et pour le bien de tous. Quelque temps après, un homme s'est présenté en leur disant qu'il avait entendu parler de leur projet. Il leur a expliqué qu'il n'avait pas le temps physiquement de participer à leur projet mais que financièrement cela lui était possible et il leur a fait un chèque de 165.000 €. Le couple a remercié la VIE pour cette rencontre merveilleuse et, avec cette somme, ils ont pu construire une très belle structure en bois avec un toit végétal comprenant une salle de conférences et d'animations, une cuisine, une salle à manger et l'hébergement où ils peuvent accueillir vingt-sept personnes.

Je me souviens d'une personne qui s'occupait d'enfants dans un centre de jeunesse et qui souhaitait acheter un canoë-kayac pour les enfants. Ses collègues considéraient que ce n'était pas le moment car la trésorerie ne le permettait pas. Elle avait la certitude que la VIE lui permettrait d'acquérir ce bateau car elle ressentait cet achat comme étant juste au niveau de son cœur. Là aussi, quelques jours ont passé, et un homme lui a téléphoné pour lui dire qu'il avait entendu parler de son projet. Il lui a raconté qu'il avait dissous une association qui possédait quarante canoës et qu'il lui vendait le tout pour 120 € seulement. Elle l'a remercié pour ce cadeau tout en lui précisant qu'elle n'avait pas de remorque pour les transporter. La personne lui a alors proposé de lui livrer les canoës et de lui donner la remorque. Oui, elle a acquis quarante canoës plus la remorque pour seulement 120 € !

OUI, LES PERSONNES QUI ONT DES PROJETS JUSTES ET GÉNÉREUX REÇOIVENT DES CADEAUX DE LA VIE.

A l'inverse, je citerais le cas d'un charpentier qui, depuis plusieurs mois, ressentait intérieurement la nécessité de changer de métier. Mais il avait peur du changement, peur de manquer d'argent et peur de l'inconnu. Il a reporté son changement à plus tard. Lorsqu'il avait ressenti ce besoin de changer, il se trouvait en année personnelle 6, qui est une année très favorable. La peur et le doute ont fait qu'il a effectué réellement ce changement en année personnelle 7, qui n'est pas une bonne année. Un an et demi après, lorsqu'il a commencé la démarche avec moi, il nous a « indiqué » qu'il avait perdu environ 110.000 euros.

OUI, LA PEUR, LE FAIT DE N'ÊTRE PAS DANS L'ACTE JUSTE, PEUT ENTRAÎNER DES PERTES D'ARGENT et avoir d'autres conséquences dans d'autres domaines de ta vie.

Au niveau professionnel, il en est de même que pour des investissements immobiliers, tout en étant différent.

Dans mon livre *« Etre Acteur dans sa Vie »*, j'explique l'importance de bien définir ton projet en prenant le temps de l'écrire avec un maximum de détails :

- En définissant l'objectif que tu poursuis à travers ce projet et avec quel but final ;
- Est-ce un projet individuel, collectif, etc. ;
- Quels moyens tu vas mettre en œuvre pour le réaliser ;
- Quelles démarches tu vas effectuer près des organismes (banques, comptables, administrations, etc.).

En ce qui concerne un projet professionnel, je t'invite à le définir en tenant compte de ce que tu ressens au niveau de ton cœur et non pas au niveau du mental.

Je te propose d'écrire ton projet sans tenir compte de ton niveau intellectuel et des examens, de ton compte en banque, de ce que les autres pourraient penser, de ton âge, de ton environnement, etc., etc., mais en imaginant que tout est possible à tous les niveaux et ceci maintenant.

Puis, je te conseille de rencontrer un conseiller (astrologue, numérologue ou autre personne) qui peut t'aider à mieux définir et à clarifier ton projet. En effet, il arrive que la personne, passionnée par son projet, manque de recul et de discernement et, de ce fait, n'écoute pas les détails donnés par son cœur et va agir plus avec le mental.

Dans mes formations, j'apprends aux participants à utiliser des « outils » par lesquels l'ÂME s'exprime et donne des indications précieuses pour s'assurer que les projets sont justes. Ces « OUTILS » décrivent également dans quelles ambiances le projet va pouvoir se réaliser. Ils indiquent avec précision les démarches à suivre pour le réussir dans de bonnes conditions.

Quand les personnes, qui ont participé aux formations, ont bien intégré la méthode et l'utilisent dans la conscience, c'est leur ÂME qui parle et agit à travers ces moyens. Elles s'engagent à poser des ACTES et elles ont alors des résultats surprenants de précision avec un pourcentage de réussite très élevé.

J'ai observé des milliers de résultats toujours avec beaucoup de bonheur, heureux de voir les personnes émerveillées des changements qui arrivent dans leur vie.

Bien sûr, il ne m'est pas possible de te décrire le fonctionnement de ces « OUTILS » dans ce livre, car cela serait compliqué et peut-être pas évident à comprendre. L'utilisation est simple quand on l'expérimente et la vit à partir de cas concrets. Cela dit, tu peux être aidé par des personnes compétentes ou suivre ton intuition.

Dans mon livre *« Etre Acteur dans sa Vie »,* je donne des moyens très concrets qui peuvent t'aider à poser des actes justes et harmonieux. Ces moyens sont divers : options mentales, utilisation des cartes, confirmations, usage de l'intuition, etc., etc.

QUAND TOUT EST O.K.

Si, selon les moyens que tu utilises, tu as la confirmation que ton projet est juste, que ce soit au niveau professionnel, personnel, matériel, etc., l'ARGENT sera au rendez-vous pour le financer.

A l'inverse, si le projet n'est pas en harmonie avec ton âme, il est probable que l'argent ne soit pas au rendez-vous et cela sera compliqué pour l'obtenir. Alors, sois attentif à ce qui se passera, en sachant que tu pourras persévérer, mais pas « forcer » les choses.

Je te rappelle que lorsque tu es dans l'action juste et que tu fais totalement confiance dans l'ABONDANCE UNIVERSELLE, TOUT SE RÉALISE FACILEMENT Y COMPRIS FINANCIÈREMENT.

En ce qui concerne l'achat d'objets, meubles, voiture, etc., je te conseille aussi de suivre le plus possible ton intuition, ce qui te semble juste et bon pour toi, en harmonie pour ton évolution. Evite d'effectuer des achats en fonction des autres, de ce qu'ils pourraient penser, ou pour te mettre en valeur au regard des autres (qu'il s'agisse de la famille ou d'autres personnes) car cela peut entraîner des pertes ou des difficultés sous différentes formes. Sois vigilant en ce qui concerne ton mental qui a toujours tendance à vouloir être dans le paraître plutôt que dans l'ÊTRE.

COMMENT L'ARGENT VA ARRIVER ?

COMMENT L'ARGENT VA ARRIVER ?

Les manières dont l'énergie ARGENT va arriver sont multiples et infinies.

J'ai observé qu'il est ESSENTIEL de ne pas chercher à savoir comment l'ARGENT VA ARRIVER, mais d'ÊTRE DANS LA CERTITUDE QUE L'ARGENT ARRIVERA AU MOMENT JUSTE ET DE LA JUSTE FAÇON.

Bien sûr, si tu as un projet important (immobilier, voiture, professionnel, etc.), tu feras des démarches auprès de la banque pour obtenir un prêt, mais ce peut être le concessionnaire qui te proposera le financement, comme cela peut venir de la famille, des amis, etc.

Au début de ce livre, j'ai cité plusieurs exemples et je pourrais en donner mille autres, tous aussi particuliers et imprévus les uns que les autres. Je rappelle que lorsque quelqu'un suit son intuition et agit en conséquence, son ÂME lui donne toujours les moyens de réaliser ses projets.

Quelques exemples :

* Une femme a participé à l'un de mes séminaire à l'étranger. A son retour, elle a aidé financièrement sa fille qui avait décidé de louer un appartement. De ce fait, elle s'est trouvé limitée financièrement et elle a eu l'intuition et l'humilité de demander à une amie de lui prêter 1.500 € pendant une quinzaine de jours, le temps de toucher sa retraite. Cette amie lui a donné son accord par téléphone en lui proposant 2.000 € et qu'elle était heureuse de lui *donner* cette somme. Dans les jours suivants, elle a reçu de cette amie un chèque de 3.000 € qu'elle lui a **donné.**

* Une femme avait eu l'intuition de s'acheter un objet d'une valeur de 135 € qui l'avait « appelé » au niveau du cœur. Le matin, elle avait utilisé mon jeu de cartes *« Les Cartes du Bonheur »* et elle avait tiré une carte sur laquelle était écrit : *« MOI,*

TON PAPA, je t'accompagne dans ta vie et je te fais un cadeau ».

En fin d'après-midi, un homme est venu la voir en disant qu'il avait eu une intuition pour lui donner 135 €, sans pouvoir lui expliquer pourquoi ce montant et non pas un autre. En réalité, le papa de cette femme, qui était décédé, avait agi par l'intermédiaire de cet homme.

* Une autre femme avait participé à l'un de mes séminaires en Egypte, mais s'était trouvée limitée financièrement. Elle savait que c'était juste pour elle d'y participer et elle restait persuadée qu'il se trouverait une bonne solution.

Quelques semaines après ce séminaire, une personne lui a proposé de devenir la « dame de compagnie » d'une personne très âgée. Pendant quatre semaines, elle a accompagné cette dame dans sa résidence secondaire au cœur d'un site merveilleux. Elle y a vécu comme si elle était en vacances. Non seulement ce moment a été extraordinaire, mais en plus elle a été rémunérée 2.250 €. De ce fait, elle avait récupéré très largement la somme engagée dans le séminaire et, l'année suivante, elle a accompagné cette dame avec une rémunération bien supérieure. C'est le cadeau de la VIE.

* Un homme de 47 ans était cadre dans une entreprise d'électronique où étaient fabriqués des moteurs électriques. Suite à sa démarche effectuée dans ma formation, son projet professionnel était de devenir maréchal-ferrant. Il s'est assuré que ce métier correspondait bien à sa Mission, puis il a commencé les démarches nécessaires.

Il en a parlé à son chef d'entreprise qui a été émerveillé et enthousiasmé par son projet. Comme prime de licenciement (licenciement accepté par les deux parties), il lui a donné deux années de salaire.

Il a trouvé un centre de formation accélérée près de chez lui (50 km) où il a inventé de nouveaux outils pour exercer le métier de maréchal-ferrant. Trois mois après, il était installé à son compte et a bénéficié d'une prime d'installation de 6.500 €, ce qui lui a permis d'acheter un fourgon atelier. Très rapidement, il a eu beaucoup de clients à un point tel qu'il a commencé à les sélectionner pour n'avoir que des personnes sérieuses.

Il a proposé des contrats à l'année, avec interventions préventives, ce qui lui permettait une très bonne organisation, donc très rentable. Il a obtenu ainsi des revenus supérieurs à ce que lui proposait l'entreprise précédente.

* Deux personnes souhaitaient participer à ma formation : *« Etre Acteur dans sa Vie »,* alors qu'elles n'en avaient pas les moyens financiers. Après en avoir discuté, elles ont décidé d'y prendre part et, entre le premier module et le deuxième, elles ont vendu un terrain qui était en vente depuis plusieurs années et qui ne trouvait pas d'acheteur. Ce terrain a été vendu le double du prix qu'elles pensaient.

Suite à cette expérience, elles ont décidé d'aménager un bâtiment pour y créer leurs activités professionnelles, sans avoir la totalité de l'argent nécessaire, tout simplement en faisant confiance dans la VIE. Un homme s'est proposé de les aider gratuitement à réaliser les travaux, mais la trésorerie diminuait… Suite à un événement familial, elles ont reçu une somme importante inattendue.

Je pourrais citer des milliers d'exemples qui montrent que l'argent arrive par des moyens justes et très souvent inattendus.

DEMANDE TOUJOURS A RECEVOIR L'ARGENT D'UNE MANIÈRE JUSTE ET SELON LE PLAN DIVIN ET REMERCIE PAR AVANCE DE L'AVOIR REÇU.

PRÉPARE-TOI

A ACCUEILLIR

L'ARGENT

PRÉPARE-TOI

A ACCUEILLIR L'ARGENT

Une graine a besoin d'une terre fertile pour germer et se développer. Il en est de même pour toi. Prépare le « terreau intérieur » pour que tes projets puissent « germer », se développer et se réaliser harmonieusement.

Préparer le « terreau intérieur », c'est penser prospérité. Je rappelle que tu ne peux vivre et recevoir que ce que tu es capable de concevoir. En ce qui concerne l'ARGENT, il est essentiel de développer la conscience de l'ARGENT. Cela se fait par la programmation et la visualisation qui permettent l'ACTIVATION de certaines zones de ton cerveau.

Lorsque tu auras INTÉGRÉ cette conscience de l'ABONDANCE, et en la MAINTENANT, tu observeras et expérimenteras concrètement cette ABONDANCE dans ta VIE. L'ÉNERGIE ARGENT arrivera sous des formes et des moyens multiples et inattendus qui provoquent l'émerveillement. L'ÂME ÉVALUE très souvent les capacités à recevoir, et ceci pas uniquement au niveau de l'ARGENT.

Plusieurs exemples :

Lorsqu'il t'est offert un repas ou un cadeau, quels sont les premiers mots que tu prononces ?

Si tu dis : *« Il ne fallait pas... », « c'est trop... »,* etc., tu te fermes symboliquement à l'abondance de la VIE pour les choses simples mais aussi pour des projets plus importants.

Si tu dis : *« Merci, cela me fait beaucoup plaisir »,* tu t'ouvres à l'abondance et la VIE te donnera beaucoup plus dans d'autres domaines.

* Une personne (je l'appelle Jeanne) souhaitait participer à un séminaire avec moi à l'étranger, mais elle n'avait pas l'argent. Dans le même groupe, il y avait trois personnes dans la même situation.

J'avais précisé à ces personnes que si c'était juste pour elles d'y participer, elles auraient l'argent nécessaire.

Très rapidement, les trois personnes ont obtenu des sommes inattendues, mais, à cinq semaines du départ, Jeanne n'avait toujours pas reçu d'argent. C'était un vendredi et, devant le groupe, elle se lamentait en disant qu'elle ne pourrait pas venir car elle avait pourtant demandé à la VIE, mais rien ne s'était passé. Je lui ai demandé de rechercher avec les « outils » pourquoi elle n'avait pas reçu cette somme. Il en est ressorti qu'elle n'était pas prête à recevoir l'ABONDANCE. Elle a contesté en affirmant qu'elle était prête. Je lui ai fait remarquer que son ÂME disait le contraire.

A ce moment-là, une femme du groupe lui a tendu un billet de 50 F tout en le gardant dans sa main. Jeanne a regardé le billet mais ne l'a pas pris. Je lui ai fait la remarque de son hésitation, alors elle a pris le billet mais elle l'a gardé dans sa main sous la table. Devant son embarras, je lui ai demandé ce qu'elle ressentait à cet instant, et elle a répondu qu'elle avait honte.

De nouveau, je lui ai fait remarquer qu'elle venait de dire qu'elle était prête à recevoir de l'argent mais qu'elle était gênée car cela venait d'une personne qu'elle connaissait et dont elle se sentait redevable. Elle a pleuré en prenant conscience de son incapacité à accueillir l'abondance.

La personne qui lui a donné le billet lui a suggéré de jouer à un jeu le samedi matin et, peut-être, qu'elle gagnerait une certaine somme. Elle a joué les 50 F et a gagné 200 F, mais cela était insuffisant pour régler le montant du séminaire (8.200 F cette année-là).

Le samedi après-midi, une femme du groupe lui a téléphoné en lui disant qu'elle avait demandé à être licenciée car le métier qu'elle exerçait ne lui correspondait plus. L'employeur lui avait accordé une prime équivalente à quatre mois de salaire. Mais en plus, il lui avait versé les charges sociales qui représentait un montant de 8.200 F. Ce complément étant inattendu, elle a proposé de *donner* cette somme à Jeanne qui, ainsi, a pu participer au séminaire en Egypte.

Je précise que le vendredi soir, avec les « outils » que j'utilise, il était ressorti qu'elle aurait les moyens financiers rapidement, c'est pourquoi je lui avais demandé de remplir le document d'inscription avec un chèque de réservation. En effet, j'ai remarqué que les personnes qui s'engagent sincèrement ont toujours des résultats très rapides.

Je suis toujours émerveillé de constater comment les personnes qui participent à mes groupes de formation reçoivent de l'ARGENT de manière inattendue.

* Un cas particulier m'a réellement émerveillé. Un couple, en vingt ans, avait fait faillite trois fois, ce qui avait entraîné de nombreuses complications. Ces personnes ont commencé la démarche avec moi, lors de leur troisième faillite.

Ce couple souhaitait mettre en place de nouveaux projets mais, en utilisant les « outils », il ressortait qu'ils devaient attendre. Pourtant, ils avaient besoin d'argent pour vivre et, quand on est en profession libérale, on n'a pas d'aide financière telle que les ASSEDIC et autres organismes.

Dans le jeu « *Les Cartes du Bonheur* », une carte sortait très souvent : « *L'UNIVERS PREND SOIN DE MOI* ». Et effectivement, pendant deux années, le couple a dû recevoir une cinquantaine de rentrées financières imprévues sous des formes différentes. Un matin, ils ont trouvé 1.050 € en espèces dans leur boîte à lettres et ils n'ont jamais su qui leur avait donné cette somme. On leur a donné une voiture.

L'homme a effectué une formation et a bénéficié d'une aide financière à laquelle, normalement, il n'avait pas droit et, de plus, cette somme était supérieure à la normale, ce qui a fait que le centre de formation lui a redonné la différence en lui précisant que depuis que le centre existait, cela ne s'était jamais vu.

La VIE leur a proposé de prendre deux années pour se reposer. En effet, en vingt ans d'activité, ils n'avaient jamais pris de congé. OUI, LA VIE EST GÉNÉREUSE POUR CEUX QUI ÉCOUTENT LES SIGNES.

Pendant ces deux années, ils ont beaucoup développé la FOI et la CONFIANCE dans le DIVIN.

Après ces deux années, le mari a eu le désir d'aider des enfants et a souhaité acquérir un lieu (genre exploitation agricole) où il y aurait du terrain, une petite forêt et un étang. Bien que je sois très positif, j'avoue humblement que j'ai douté de la réalisation possible de son projet car il n'en avait pas les moyens financiers.

Quelques semaines plus tard, à peu de kilomètres de chez lui, il a été embauché chez un agriculteur qui avait transformé son exploitation pour accueillir des touristes et, entre autres, des classes scolaires, avec la possibilité de pouvoir déjeuner et dîner sur place dans la crêperie.

Sur cette exploitation, il y avait un bois et un étang exactement comme il les avait imaginés, sans qu'il ait eu besoin d'investir un euro.

VOICI LA MAGIE DE LA VIE, car, en plus, il s'est découvert des possibilités et des talents qu'il n'imaginait pas auparavant.

En effet, il a été embauché pour animer les activités des enfants, et sur l'exploitation, il y avait des animaux domestiques : poules, lapins, canards, et des ânes...

Comme il leur expliquait la vie de ces animaux et leur permettait de les toucher, les enfants, mis en confiance, adoraient sa compagnie. Quand des enfants avaient peur de s'approcher des petits animaux parce qu'ils bougeaient, cet homme « endormait » les animaux pour qu'ils puissent les toucher. Quelques enfants, malgré cela, avaient encore peur. Alors il leur prenait la main et dans ce simple geste, il « voyait » toute l'histoire de l'enfant et pourquoi il avait peur. Il pouvait ainsi l'aider à guérir de ses craintes.

Il aimait beaucoup les ânes. De temps en temps, il recevait des groupes d'enfants trisomiques et il les aidait à monter dessus. Il savait leur parler en écoutant son intuition. Selon les animateurs du centre qui s'occupaient de ces enfants, ceux-ci avaient observé des changements très importants dans leur évolution.

Cet homme n'avait effectué aucune formation en psychologie ou autre, mais cependant il était très efficace. A ce jour, il a changé d'emploi car le lieu a été vendu. Mais quelle belle expérience révélatrice et initiatique !

Ce qui est fabuleux, c'est que, non seulement les personnes reçoivent de l'argent de manière exceptionnelle, mais en plus elle découvrent toutes les POSSIBILITÉS que la VIE propose. Cela conduit à une transformation de la vie à tous les niveaux.

De même, si tu souhaites acheter des objets ou des vêtements pour mettre en valeur ton corps et améliorer ton bien-être, et que tu le fais en conscience, tu auras toujours l'argent pour le faire.

Si tu souhaites aller en thalassothérapie, te faire masser, aller chez l'esthéticienne, etc., tu auras toujours l'argent dès lors que tu considères que ton corps est DIVIN et que tu veux vivre le meilleur.

LE PLAISIR D'ÉCONOMISER

Certaines personnes font, avec plaisir, le choix d'effectuer des économies, et cela est très bien.

Par exemple, au niveau de l'alimentation, des personnes vont cultiver leur potager avec amour et conscience pour avoir les divers légumes de chaque saison et confectionner de bons plats d'un coût peu élevé, tout en exprimant leur créativité.

Certaines personnes vont acheter des aliments directement aux producteurs dans le but, également, de faire des économies.

D'autres encore vont confectionner des vêtements grâce auxquels elles vont exprimer leur créativité avec plaisir et réaliser ainsi des économies.

Quelques unes vont mettre l'accent sur les économies d'eau, d'électricité, de déplacements en voiture, etc.

En réalité, il y a une multitude de possibilités pour économiser avec plaisir.

De ce fait, ces personnes vivent très bien avec des moyens financiers peu importants.

CE QUI EST ESSENTIEL, C'EST QUE CELA SOIT UN CHOIX, UNE PASSION, UN PLAISIR.

CONSEILS

POUR DÉFINIR

LE PRIX JUSTE DANS

TOUS LES DOMAINES

CONSEILS POUR DÉFINIR

LE PRIX JUSTE

DANS TOUS LES DOMAINES

TRÈS IMPORTANT

Je te soumets des conseils techniques pour t'aider à DÉFINIR LE PRIX JUSTE DANS DIFFÉRENTS DOMAINES.

J'attire ton ATTENTION sur le fait que je propose ces techniques dans mes formations où il y a un « encadrement » au niveau des stagiaires, ce qui permet une bonne maîtrise des « OUTILS » utilisés.

En utilisant ces techniques à partir des conseils écrits dans ce livre, tu prends l'ENTIÈRE RESPONSABILITÉ

des résultats, en sachant qu'il ne me sera pas possible de te conseiller par courrier ou par téléphone.

Je te conseille vivement de te procurer le jeu de cartes « *LES CARTES DU BONHEUR* » *(à acheter à Alexandre LUCAS, BP 152, 44144 Châteaubriant Cedex, en envoyant un chèque de 27 €).* **Dans ce jeu très fiable, il y a des cartes blanches où tu pourras écrire les différentes possibilités que je vais te donner. Cette fiabilité est en rapport direct avec la CONFIANCE que tu auras dans ce jeu comme étant l'expression de ton âme. Si tu prends des décisions importantes avec ce jeu, je t'invite en l'utilisant à être dans la CONSCIENCE au moment du tirage et que c'est ton ÂME qui te fait choisir une carte. Je t'invite à RESPECTER le tirage, sinon l'utilisation de la méthode n'aurait pas de sens.**

Je te propose un autre « outil » semblable au jeu de cartes, mais qui demande plus d'attention et de concentration à l'utilisation. Cet

« outil » est l'utilisation de papiers carrés, non collants, que l'on trouve dans le commerce ou que l'on peut découper soi-même.

Ces « outils » sont une partie de ceux utilisés dans le cadre de mes formations.

<u>TRÈS IMPORTANT</u>

Je rappelle brièvement que notre corps connaît notre passé dans le détail et qu'il connaît précisément ce qui va se passer dans les jours et les semaines à venir, voire les années pour ce qui concerne les grandes décisions. En fonction de ces informations dont dispose ton corps, celui-ci t'indiquera, entre autres, par l'intermédiaire des cartes et des papiers ce qui est le mieux pour toi.

Je t'invite à commencer par des expériences simples qui te permettront d'observer ton fonctionnement par rapport à la CONCENTRATION, la CONFIANCE et la BONNE UTILISATION de ces deux « OUTILS ».

Plusieurs exemples :

VENDRE TA MAISON OU UN BIEN IMMOBILIER.

Tu souhaites vendre ta maison ou ton appartement.

- Je te conseille de faire estimer ce bien par une ou deux agences, en imaginant qu'il est estimé à 150.000 euros.
- Tu écris sur une carte : *« Je vends ce bien 150.000 € »* ; sur une autre : *« Je vends ce bien à 160.000 € »* ; sur une autre : *« Je vends ce bien à 165.000 € »* ; et sur une autre : *« Je vends ce bien à plus de 165.000 € ».*
- Puis, tu mets ces cartes dans l'ensemble du jeu de cartes et tu tiens compte de la première carte que tu sortiras concernant cette vente.
- Si la première carte sortie est : *« Je vends ce bien à 160.000 € »*, tu mets en vente à 160.000 €.
- Si la première carte sortie est : *« Je vends ce bien à plus de 165.000 € »*, tu enlèves les autres cartes écrites et tu les remplaces par de nouvelles cartes avec des montants plus élevés : *« Je vends ce bien 170.000 € »* ; une

autre : *« Je vends ce bien 175.000 € »* ; une autre : *« Je vends ce bien 180.000 € »* ; et une autre : *« Je vends ce bien plus de 180.000 € ».*

- De nouveau, tu mets ces cartes dans le jeu et tu tiens compte de la première qui sortira concernant ce sujet. Si tu tires la carte : *« Je vends ce bien 180.000 € »*, je t'invite à mettre en vente à ce prix en faisant totalement confiance qu'il se trouvera un acheteur intéressé par ce prix car, effectivement, si tu doutes, la vente ne pourra pas aboutir. Les résultats sont directement en lien avec la FOI et la CONFIANCE.
- Si tu tires la carte : *« Je vends ce bien plus de 180.000 € »,* tu continues jusqu'à ce que tu aies une carte avec un prix intermédiaire.

Remarque : Je conseille de tirer une carte par jour seulement et de la remettre dans le jeu. Si une des cartes que tu as écrites sort rapidement, c'est bien. Mais si elle sort plus tard (un ou deux mois), c'est que cela est également juste. En effet, ton ÂME connaît à l'avance l'acheteur potentiel et le moment favorable pour l'achat. Là aussi, fais totalement confiance.

Tu peux utiliser la même démarche en utilisant des papiers, à la différence que tu auras une réponse plus rapide mais cela demande plus d'attention et de concentration. Les papiers sont tirés entre eux, donc tu as immédiatement un montant qui t'est indiqué. Là aussi, je t'invite à respecter le tirage et à observer ce qui se passe ensuite dans le processus de la vente. Ceci est valable avec les cartes.

Exemple : Tu tires la carte ou le papier : *« Je vends ce bien 180.000 € »,* donc tu mets en vente à ce prix à l'agence et, peut-être, l'acheteur voudra l'acheter 160.000 €. Ton âme connaissant par « avance » l'acheteur, sachant que c'est une personne qui veut négocier, va proposer un prix plus élevé pour ensuite redescendre à un prix plus juste qui pourrait être 170.000 €. L'ajustement peut s'effectuer avec les cartes ou les papiers selon ce que tu sens être juste pour toi.

POUR L'ACHAT D'UN BIEN IMMOBILIER, c'est la même démarche, mais en sens inverse.

Si tu souhaites acquérir un bien immobilier qui est à vendre 150.000 €, tu mets sur une carte : *« J'achète ce bien à 150.000 € »* ; sur une autre : *« J'achète ce bien à 145.000 € »* ; et sur une autre : *« J'achète ce bien à moins de 140.000 € »*, et selon la carte ou le papier qui sortira, je t'invite à respecter ce que ton ÂME te propose et avec le même discernement concernant un vendeur qui voudrait négocier.

En général, j'ai observé que les personnes qui participent à mes séminaires vendent en moyenne 15.000 à 25.000 € au-dessus du prix du marché et achètent entre 10.000 et 25.000 € de moins que le prix proposé, comme si l'UNIVERS leur faisait un cadeau.

Voici l'exemple d'une personne qui désirait vendre son appartement. Elle l'a fait visiter par une agence qui l'a estimé à 82.500 € environ. Elle a interrogé une autre agence qui a proposé un prix de 97.000 € en précisant que c'était le maximum du maximum.

Elle a utilisé les « OUTILS » pour savoir quel était le prix juste. Il en est ressorti la somme de 82.500 € mais aucun acheteur ne s'est présenté. Dans le même temps, d'autres appartements équivalents se vendaient bien dans son secteur. Nous en avons parlé ensemble et je lui ai proposé d'observer quelles étaient ses pensées et ses croyances.

Elle a pris conscience qu'elle disait souvent : *« Comment font les gens pour acheter un appartement vu les prix élevés. Cela n'est pas rentable, c'est trop cher ! »*

Elle a pris conscience qu'elle se mettait du côté de l'acheteur et que c'était la raison pour laquelle elle avait tiré la somme de 82.500 €.

Elle s'est pardonné de ne pas savoir accueillir la prospérité puis elle s'est préparée INTÉRIEUREMENT à recevoir plus selon le PLAN DIVIN. Pendant un week-end, elle a visualisé l'abondance et la venue d'un acheteur très intéressé par son appartement. Ensuite, elle a utilisé les papiers et a demandé à son ÂME de lui indiquer le prix juste. Elle s'est bien concentrée et elle a tiré un papier qui lui indiquait le prix de 106.500 €.

Le lundi matin, elle a téléphoné à l'agence qui lui avait proposé 97.000 €. Le responsable lui a dit que la somme de 106.500 € n'était pas sérieuse et qu'elle n'aurait pas d'acheteur. Elle a insisté en demandant que ce prix soit affiché en précisant que c'était à prendre ou à laisser.

Le même jour, le responsable de l'agence qui lui avait proposé 82.500 € l'a contactée parce qu'il avait un acheteur. Elle lui a alors dit que le prix avait changé et que son appartement était à vendre 106.500 € et que ce prix n'était pas discutable. Le responsable de l'agence est venu avec l'acheteur qui a eu un coup de cœur pour l'appartement et a accepté de le payer 106.000 €, la femme lui faisant cadeau de 500 €.

Parce qu'elle a effectué une DÉMARCHE INTÉRIEURE et qu'elle a reconnu sa véritable valeur, elle a « gagné » plus de 23.000 €.

C'est pour cela que la définition d'un prix a un rapport direct avec le fait que la personne soit en HARMONIE dans sa VIE et dans tous les domaines.

Dans mes séminaires, j'invite les participants à prendre conscience de l'interférence entre tous les aspects de la vie et je crois que c'est pour cela qu'ils ont beaucoup de succès sur tous les plans et qu'ils vivent de merveilleuses expériences à tous les niveaux.

Dans les exemples ci-dessus, j'ai indiqué des tranches de 5.000 €, mais il est possible, par les mêmes techniques, d'approcher le prix juste par des tranches de 1.000 ou 500 € ou moins selon les cas.

Pour l'achat ou la vente d'une voiture d'occasion ou d'un meuble, etc., tu peux procéder de la même façon et tu obtiendras les mêmes résultats.

CRÉATION D'OBJETS :

Pour les personnes qui créent des objets, des tableaux, des meubles ou des vêtements, etc., je conseille de procéder de la même manière que pour les biens immobiliers.

Le prix doit toujours *couvrir au minimum* l'investissement de la matière achetée et du temps passé.

Pour l'achat d'objets, de tableaux, de meubles, etc., je conseille d'accepter le prix proposé car il est important de respecter la valeur des autres. Si le prix ne te convient pas, alors tu ne l'achètes pas.

CALCULER

LE JUSTE PRIX

AU NIVEAU

PROFESSIONNEL

CALCULER LE JUSTE PRIX

AU NIVEAU PROFESSIONNEL

Il y a un juste prix entre la prestation que tu donnes et la qualité de celle-ci. J'ai observé, dans les groupes que j'anime, que de nombreuses personnes avaient des difficultés pour demander de l'argent. Cela vient, en général, d'un rapport négatif à l'argent.

Certaines personnes exercent un métier dit « alimentaire » pour avoir un salaire régulier, alors qu'elles n'aiment pas ce qu'elles font, et elles vont, d'autre part, « donner » ou « exercer » leurs dons gratuitement ou presque. En y réfléchissant un peu, ces comportements sont incohérents, voire insensés.

Curieusement, plus ces personnes sont dans une démarche spirituelle, plus elles se culpabilisent en demandant de l'argent en échange de ce qu'elles proposent : magnétisme, entretien individuel, reiki, massages, etc. En réalité, ce sont des vieux schémas qui remontent à la conscience où il était dit : *« Quand on a un don qui vient de DIEU et qui nous a été donné, on doit le donner gratuitement ».* Le paradoxe c'est que ces mêmes personnes ont souvent rejeté l'éducation religieuse avec les anciens schémas, mais continuent à entretenir ces vieux principes erronés.

En effet, chaque individu est unique et possède des dons particuliers. J'admire, par exemple, ceux qui utilisent les machines à écrire ou l'ordinateur et tapent sur le clavier sans le regarder, alors que moi, je suis obligé d'appuyer avec un doigt touche après touche. Pour moi, c'est un don. Ceux qui inventent des machines ou des objets, c'est un don. D'autres possèdent le don de la parole, de la construction, etc. Il n'y a pas, en réalité, de différence avec ceux qui exercent un métier de magnétiseur, de conseiller, d'animateur et des dizaines de métiers dans le domaine énergétique. Dans tous les cas, les personnes donnent le meilleur d'elles-mêmes et il est tout à fait normal que ces personnes soient rémunérées correctement.

C'est à chacun de reconnaître sa VRAIE VALEUR. Cette valeur se traduit par un prix *clairement défini* et clairement indiqué pour les patients, clients, stagiaires, etc., et où les conditions de règlement sont également clairement établies

Cette règle est très importante pour les professions libérales, artisanales et commerçantes, mais aussi pour toutes les entreprises. Je pense que pour les particuliers il en est de même. J'ai remarqué que plus les personnes définissaient clairement les valeurs, les conditions de règlement avec la famille, les amis et toutes les personnes concernées, et mieux les choses se passaient bien. Dans le cas contraire, quand les conditions ne sont pas claires, cela provoque des malentendus qui souvent entraînent parfois des ruptures et, bien sûr, des pertes financières.

Pour revenir au niveau professionnel, le fait de définir clairement le juste prix avec la conscience qu'il correspond à ta véritable valeur permet, en général, d'augmenter ton activité professionnelle et de réussir de mieux en mieux, non seulement pour tes finances mais aussi pour ton épanouissement personnel.

Car, plus tu réussis, plus tu vas te reconnaître, et donc tu auras plus d'enthousiasme et, par là-même, tu développeras d'autres compétences, tu seras plus sûr de toi, tu attireras encore plus de personnes et tu augmenteras davantage ton succès.

Je confirme que tu entres dans la spirale ascendante du gagnant-gagnant et que tu es divinement aidé, car la VIE, le DIVIN, t'entraîne dans cette spirale merveilleuse qui apporte JOIE, BONHEUR, PROSPÉRITÉ et TOUT CE QU'IL Y A DE PLUS BEAU.

A l'inverse, si tu n'oses pas demander le prix juste, mais un prix dérisoire et dévalorisant, c'est comme si tu disais à ceux qui viennent vers toi que tu es incompétent et que ta prestation est moyenne voire nulle. Tu auras, effectivement, des résultats moyens et progressivement les acheteurs déserteront et tu te trouveras en difficulté.

CONSEILS ET PROPOSITIONS POUR DÉFINIR UN PRIX JUSTE.

Comme pour l'achat d'un bien immobilier, voiture, etc., je te propose de procéder de la même manière.

Premier exemple :

Tu es conseiller en relations humaines et tu te fais payer 20 € de l'heure. Pour trouver le prix horaire juste, je te propose l'une des deux techniques précédentes.

UTILISATION du jeu des *« CARTES DU BONHEUR »* :

Tu écris sur une carte : *« Le prix horaire est de 20 € »*, sur une autre : *« Le prix horaire est de 25 € »*, sur une autre : *« Le prix horaire est de 30 € »*, sur une autre : *« Le prix horaire est de 35 € »*, sur une autre : *« Le prix horaire est de 40 € »* et sur la dernière : *« Le prix horaire est plus que 40 € ».*

Tu introduis ces six cartes dans le jeu complet et mélangé, et lorsque tu tireras la première de ces six cartes, tu considères que c'est le prix qui te correspond à ce moment-là, et je t'invite à l'appliquer immédiatement sans attendre. Peut-être que, dans quelques mois, parce que tu auras développé d'autres connaissances, tu pourras de nouveau revoir tes tarifs.

Au moment où j'étais géobiologue, le prix de l'analyse était calculé au mètre carré habitable et le coût, pour une maison de 100 m2 habitable tournait autour de 220 €. Ma collègue qui exerçait ce métier avec moi avait beaucoup d'analyses à effectuer. Puis, pendant un mois, les analyses se sont raréfiées. Nous nous sommes alors interrogés sur le pourquoi de ce blocage. Nous avons fait des recherches avec différents « outils », et il en est ressorti que notre tarif était trop bas.

Il est vrai que pendant les mois précédents, nous avions proposé des services que nous n'avions pas au départ de notre activité. Nous avons fait la démarche pour connaître de combien nous devions augmenter nos prestations. Nous avons utilisé les papiers et raisonné en pourcentage d'augmentation.

Sur un papier, nous avions écrit : *« Nous augmentons nos tarifs de 5 % »*, sur un autre : *« Nous augmentons nos tarifs de 10 % »*, sur un autre : *« Nous augmentons nos tarifs de 15 % »*, et sur un autre : *« Nous augmentons nos tarifs de plus de 15 % »*. A chaque fois, nous avons tiré le papier : *« Plus de... »*, si bien que nous sommes parvenus à une augmentation de 75 % !

Aussitôt, nous nous sommes engagés à appliquer ce tarif et, curieusement, dans les jours qui ont suivi, nous avons reçu de nouvelles demandes d'analyses, mais ce n'était plus les mêmes types de personnes qui nous contactaient. Celles-ci étaient plus motivées et avaient, en général, des maisons plus grandes. Le coût de nos analyses était passé, en moyenne, de 220 € à 550 €. Ainsi, notre démarche était mieux rémunérée et les personnes qui avaient investi cette somme avaient à cœur de mettre en pratique les conseils que nous leur proposions, et toutes, y compris nous-mêmes, étions satisfaits. Dans le même temps, des collègues géobiologues qui faisaient des analyses moins complètes que nous au prix de 100 € trouvaient moins de clients et n'arrivaient pas à vivre de ce métier correctement.

Il y a quelques mois, on m'a cité le cas d'une personne qui proposait des séances de Reïki à Paris. Au départ de son installation professionnelle, elle a pris un prix peu élevé puis, progressivement, elle a demandé 100 € pour une heure, mais sa clientèle se raréfiait. INTÉRIEUREMENT, SON INTUITION lui demandait de fixer son prix à 200 € l'heure de consultation. Dès qu'elle l'a appliqué, immédiatement sa clientèle a augmenté.

Tu vas, peut-être, penser que cela est abusif. Eh bien, non ! Car les personnes qui acceptent de payer ce prix vont s'investir intérieurement davantage, ce qui leur permettra d'avoir plus de résultats concrets.

En ce qui concerne celui ou celle qui ose suivre la voix de son cœur pour demander le prix juste, il ou elle sera récompensé par la VIE, car il ou elle reconnaît sa vraie valeur.

Deuxième exemple :

Je propose également aux artisans, commerçants, etc., de définir les prix horaires avec le jeu de cartes ou avec les papiers, de la même manière que les exemples cités ci-dessus.

Un artisan plâtrier qui effectuait la démarche avec moi, travaillait en collaboration avec un promoteur constructeur de maisons en séries. Les exigences financières du promoteur obligeaient les artisans à baisser leurs prix de sorte qu'ils dégageaient une faible marge sur la quantité au détriment de la qualité.

Le promoteur lui donnait un tiers du règlement à la moitié du chantier, l'autre tiers à la fin des travaux et le derniers tiers quelques mois après la finition. De cette manière, l'artisan se trouvait en difficultés financières. D'autre part, il demandait un prix inférieur de 10 % à la « normale » pour obtenir les chantiers.

Un jour, le promoteur a décidé de se faire construire une nouvelle maison d'habitation pour lui. Il a proposé le chantier au plâtrier. Celui-ci, dans l'espoir d'obtenir d'autres commandes, a fait un devis inférieur de 30 %, en pensant qu'il se « récupèrerait » sur des chantiers à venir.

Trois semaines avant de commencer les travaux, le promoteur a annoncé à l'artisan qu'il n'aurait pas le chantier car un de ses confrères lui avait proposé un prix plus intéressant. Autrement dit, l'autre artisan acceptait de perdre de l'argent en pensant qu'il se rattraperait sur d'autres chantiers qui lui seraient attribués.

L'artisan plâtrier a été déçu et en colère parce que le promoteur n'avait pas respecté le contrat et que ses ouvriers allaient se retrouver sans travail. Lorsqu'il m'en a parlé, je lui ai fait remarquer plusieurs choses :

Je lui ai demandé quelle était la qualité du travail qu'il proposait, lui et ses employés. Il m'a répondu que la qualité était supérieure à la moyenne.

Je lui ai expliqué que cela n'était pas logique d'effectuer des travaux avec une qualité supérieure et de demander un prix inférieur, et que c'était la raison pour laquelle il avait perdu le chantier. La VIE lui montrait que ce fonctionnement était injuste.

Je lui ai proposé de rechercher le prix juste et il en est ressorti qu'il devait augmenter ses tarifs de 20 %.

Il doutait de la méthode car, de moins 10 % par rapport à la normale, il passait à 20 % au-dessus, soit une augmentation cumulée de 30 %.

Je lui ai conseillé d'appliquer ces prix dès maintenant en faisant totalement confiance.

Dans les jours qui ont suivi, trois clients lui ont proposé un chantier à réaliser très rapidement. Il a fait son devis en tenant compte des 30 % d'augmentation, avec un versement d'un tiers du montant à la réservation, un tiers à la moitié, et le reste à la fin des chantiers.

Les trois clients ont été d'accord. Suite à cela, il a décidé de ne plus travailler avec le promoteur, mais uniquement avec des particuliers. Son affaire s'est mise à prospérer de façon merveilleuse.

L'artisan a été plus loin dans sa logique en augmentant le salaire de ses ouvriers de 30 %. Ce qui fait que tout le monde était gagnant-gagnant parce que ses employés se trouvaient motivés

Je pense à un ami, peintre en bâtiment, qui, après avoir fait la démarche avec moi, a augmenté ses prix de 20 %. Aussitôt, sa clientèle s'est élargie au point qu'il a été obligé de refuser des chantiers, alors qu'auparavant il manquait de clients.

Devant déménager et changer de région, il a décidé de ne plus prendre de nouveaux clients. Or, un jour, il a reçu une demande de prix pour un chantier et il s'est dit : « Je vais augmenter mes prix de 50 %. De cette façon, mon devis sera refusé. » Or, deux jours plus tard, il a reçu par retour du courrier le devis signé avec l'accord du client.

Cet artisan peintre a vraiment pris conscience de sa valeur, et par là-même que les personnes qui le contactaient désiraient réellement que ce soit lui qui entreprenne les chantiers.

Je rappelle qu'il ne faut pas demander des prix définis par le mental, mais par le cœur.

OUI, IL Y A UN PRIX JUSTE
POUR LES OBJETS, LES SERVICES,
LES ACTIVITÉS PROFESSIONNELLES
QUE TU PROPOSES.
ACCUEILLE CE PRIX JUSTE.

En effet, si tu n'oses pas demander le prix juste, crois-tu que la VIE te donnera la différence ? Probablement pas, car tu dois toujours prendre ta part de responsabilité et la VIE fera le reste.

Cela veut dire **ÊTRE DANS L'ACTION JUSTE PAR RAPPORT AU PROJET DE TON ÂME.**

COMMENT CALCULER
LE SALAIRE
OU LE REVENU
QUI TE CORRESPOND

COMMENT CALCULER LE SALAIRE OU LE REVENU QUI TE CORRESPOND

Très souvent, je pose la question : *« D'après toi, qui décide de ton salaire ou de tes revenus ? ».* La majorité des personnes répondent que c'est le chef d'entreprise, l'administration ou le marché.

En réalité, c'est à chacun de nous de décider quel salaire ou revenu il aura, consciemment ou inconsciemment. Je sais très bien que cette affirmation peut te paraître choquante, invraisemblable et hors du sens commun. Moi-même je suis passé par cette phase inacceptable quand on me l'a dit, car j'avais mis tout en œuvre pour vivre financièrement de mon métier d'agriculteur et malgré cela j'ai vécu le manque.

Je rappelle que le compte à ta banque correspond à ce qui se passe dans ton cerveau, à tes croyances et à ton comportement concernant l'argent. Plus tu développes ta capacité à accueillir l'argent, plus tu seras AJUSTÉ à ton ÂME, plus tu seras POSITIF, et plus ton SALAIRE ou ton REVENU AUGMENTERA.

Si tu souhaites augmenter ton salaire ou ton revenu, cela passera peut-être par un changement de poste de travail, de responsabilité ou de métier. Es-tu prêt à accepter des changements importants dans ta vie ?

Beaucoup de personnes souhaitent avoir plus d'argent mais sans rien changer dans leur VIE. Ce comportement est frileux et empêche, très souvent, d'avoir plus. C'est une question de choix : soit je cherche la sécurité et je me sclérose ; soit j'accepte ce que la VIE ou le DIVIN me propose en accord avec mon ÂME, et je m'ouvre à l'ABONDANCE de la VIE dans tous les domaines.

Oui, **ceux qui osent** sont MERVEILLEUSEMENT COMBLÉS, ils connaissent la JOIE, le BONHEUR, et TOUT ce qu'il y a de plus BEAU.

Oui, la VIE est GÉNÉREUSE envers les PERSONNES QUI FONT CONFIANCE ET QUI ACCUEILLENT L'ABONDANCE.

Egalement, je rappelle que chaque personne peut avoir un bon salaire ou un bon revenu, sans rien enlever à qui que ce soit, puisque l'UNIVERS est ABONDANCE et ILLIMITÉ.

Commence par définir tes besoins financiers en fonction de ton INTUITION et de ce que tu ressens comme étant juste pour toi.

Les besoins financiers de chacun peuvent être très différents. En effet, je connais des personnes qui vivent bien avec 750 € par mois car leur passion est de vivre avec le minimum car elles sont propriétaires de leur maison ou de leur appartement ; elles ont, pour certaines, un jardin potager et fonctionnent avec des échanges de services. Je connais aussi des personnes qui ont 7.500 € par mois et qui ont des difficultés à boucler leur budget mensuel. Tout ceci pour dire que tout est relatif.

Pour définir plus précisément ton salaire ou revenu, je te propose à nouveau d'utiliser soit les cartes (ce que je conseille le plus, car davantage fiable) ou les papiers.

<u>Exemple :</u> Sur la première carte ou premier papier, tu écris : « *Le salaire ou revenu qui me correspond est de 1.500 € par mois* ».

IMPORTANT : Tu écris sur la première carte ou papier le salaire ou le revenu <u>actuel</u> mensuel.

Sur la deuxième carte ou papier, tu écris : « *Le salaire ou revenu qui me correspond est de 1.600 € par mois* », sur la troisième carte ou papier : « *Le salaire ou revenu qui me correspond est de 1.700 € par mois* », sur une quatrième : « *Le salaire ou revenu qui me correspond est de 1.800 € par mois* », et sur une cinquième : « *le salaire ou revenu qui me correspond est plus de 1.800 € par mois* ».

En mélangeant ces cartes dans le jeu, la bonne sera celle que tu tireras *en premier*. Si tu sors celle de 1.500 €, cela voudra dire que le salaire de 1.500 € actuel te correspond. Si tu as tiré celle de 1.700 €, je t'invite à demander, dans les jours qui suivent, une augmentation de salaire si tu es salarié. (Pour les autres personnes non salariée, j'expliquerai plus loin). Le responsable de l'entreprise peut accepter ou refuser de te donner cette augmentation, il est libre. Mais, toi, tu as plusieurs possibilités :

soit tu restes à ton poste dans l'entreprise (alors tu fais le choix conscient de ton salaire actuel) ; soit tu cherches une autre entreprise qui pourrait te rémunérer comme tu le souhaites.

Es-tu prêt à passer à l'action ?

Je rappelle que la VIE est toujours GÉNÉREUSE pour ceux qui OSENT.

soit tu restes dans l'entreprise actuelle et tu développes une activité rémunératrice à l'extérieur ;

soit tu crées ton activité, etc.

Si tu sors la carte : *« Le salaire ou revenu qui me correspond est de plus de 1.800 € »*, je t'invite à retirer les cartes du jeu avec les chiffres dessus et de mettre de nouvelles cartes en montant de 100 en 100 € (ou de 50 en 50 € si tu veux), jusqu'à ce que tu tires une carte avec un chiffre intermédiaire.

Je donne souvent l'exemple d'un ouvrier maçon qui avait un salaire de 1.200 € par mois. Quand il a effectué cette démarche, il en est ressorti 4.500 €. Après réflexion, il a ressenti que, bien qu'âgé de cinquante ans, il pourrait devenir agent commercial. Quand son esprit a accepté cette possibilité, il a rencontré une personne qui lui a proposé de vendre des produits d'entretien pour les entreprises. Il a alors découvert qu'il était un très bon vendeur et, effectivement, ses revenus se sont étalés entre 4.500 et 5.500 € par mois.

Autre exemple : Un cadre avait été embauché dans une entreprise sur la base d'un salaire mensuel de 3.000 € et le responsable lui avait indiqué qu'en fonction des résultats il aurait dans quelques mois une augmentation.

Dans le même temps, il a effectué la démarche avec moi et, comme tous les membres, il a recherché quel était le salaire le plus juste pour lui en sachant que, rationnellement, il ne pourrait pas prétendre avoir une augmentation de plus de 10 %, soit 300 €. Ce qui est ressorti, c'est qu'il pouvait demander une augmentation de 1.000 €. Il m'a fait remarquer que la méthode était illusoire et que ce n'était pas possible qu'il puisse obtenir ce montant.

Je lui ai confirmé que s'il n'y croyait pas effectivement, il ne le pourrait pas, mais que s'il reconnaissait sa véritable valeur et s'il avait confiance en son ÂME qui lui avait proposé ce montant, il l'obtiendrait. Je lui ai suggéré de penser que son directeur était très satisfait et heureux de lui attribuer cette somme.

Quelques jours plus tard, son directeur l'a appelé pour lui dire : « Je vous avais parlé lors de votre embauche que je reverrai avec vous votre salaire. Voulez-vous que nous nous voyons ? » Devant son acquiescement, le directeur lui a demandé à quelle augmentation il pensait.

Le cadre lui a répondu qu'il envisageait une augmentation de 1.000 €. Le directeur la lui a accordée avec joie en lui disant que cela lui paraissait juste. S'il n'avait pas utilisé les « outils », il n'aurait demandé que 300 euros.

Il a remercié son ÂME et il s'est remercié de s'être écouté et d'avoir fait confiance dans la générosité de la VIE.

Je citerai le cas d'un homme, directeur commercial dans une entreprise, qui avait un revenu annuel d'environ 67.000 € en 1993. Pour diverses raisons, il avait envie de changer d'entreprise. Il souhaitait avoir une prime de départ et s'il avait écouté son mental, il aurait demandé 15.000 €.

Je lui ai suggéré d'utiliser les cartes pour savoir ce que son ÂME lui proposait. Toujours avec la même méthodologie, il est ressorti 45.000 € et cela lui paraissait beaucoup.

Lors de sa rencontre avec le directeur général, celui-ci lui a dit qu'il avait fait le calcul de son côté et qu'il arrivait à 44.300 €. Il lui a donné 45.000 €. S'il n'avait pas effectué cette démarche, il n'aurait demandé que 15.000 € seulement.

Après être parti de cette entreprise, il a trouvé un poste de directeur de la qualité dans une très importante entreprise. Avec les cartes, il a recherché le salaire annuel auquel il pouvait prétendre et il est ressorti 105.000 € par an. C'est ce qu'il a obtenu, avec une voiture de fonction en plus.

Il a participé à une deuxième année de perfectionnement avec moi et, parmi ses objectifs, il s'était fixé le but d'obtenir, un an après, un salaire minimum de 150.000 €. L'année suivante, il avait un salaire de 160.000 €.

Pourtant, au début de sa démarche avec moi, il a eu beaucoup de difficultés à croire que, par des moyens aussi simples, on pouvait obtenir autant de précisions. Il est vrai qu'il était, au départ, très cartésien, et il pensait que je racontais des histoires. C'est en voyant ce qui arrivait dans la vie des personnes proches de lui qui avaient participé à mes formations, qu'il a eu envie d'y prendre part lui-même, mais sans trop y croire au début.

Oui, la VIE est SIMPLE, ce sont les humains qui la compliquent.

SI TU SOUHAITES AUGMENTER TES REVENUS, TU AS UNE MULTITUDE DE POSSIBILITÉS.

Chacun d'entre nous peut augmenter ses revenus. Si tu ne te sens pas prêt à passer à l'action maintenant, commence par visualiser que tout se met en place pour obtenir ce que tu souhaites de façon juste et harmonieuse pour toi.

Je rappelle également que pour les personnes qui travaillent dans l'administration (ou l'équivalent), où il y a une grille de salaires, et qui sont à leur juste place, elles pourront avoir des rentrées financières exceptionnelles, car la VIE connaît leurs besoins et y pourvoira.

Bien sûr, cela arrivera aussi à d'autres personnes qui sont dans d'autres secteurs d'activité ou en retraite ou au foyer.

Chacun doit donner le meilleur de lui-même et l'UNIVERS COMBLERA selon les besoins de chacun.

Je souligne que plus tu es heureux de voir les autres avoir de bons revenus et plus le tien augmentera. A l'inverse, plus tu es jaloux de ceux qui ont de bons revenus, moins tu auras d'argent de disponible dans ta vie.

**REMERCIE, REMERCIE, REMERCIE
POUR L'ABONDANCE DE L'UNIVERS
QUI S'OUVRE A TOI
DANS TOUS LES DOMAINES.**

AVOIR CONFIANCE DANS L'ABONDANCE DE L'UNIVERS

AVOIR CONFIANCE DANS L'ABONDANCE DE L'UNIVERS

Après avoir utilisé les « Moyens » pour déterminer un montant de salaire ou de revenu, ou pour tout autre projet, je t'invite à faire totalement confiance dans l'abondance de l'UNIVERS avec la CERTITUDE ABSOLUE que tu auras ce que tu souhaites par les MOYENS DIVINS JUSTES POUR TOI.

Ne cherche pas intellectuellement à savoir comment l'ÉNERGIE ARGENT arrivera, sois OUVERT aux messages et à ton intuition. Demande à avoir des messages clairs et concrets et AGIS dans les meilleurs délais. Ouvre ton esprit à l'idée que tu peux recevoir de l'ARGENT par des moyens inattendus. L'UNIVERS ou DIEU ou... peut répondre par des moyens INFINIS.

Quand je dis avoir la FOI, la CERTITUDE que l'UNIVERS RÉPONDRA à ta demande, ce n'est pas d'y croire quelques instants par jour puis de se dire que ce ne sera pas évident ou impossible. Je précise que c'est en PERMANENCE que tu dois maintenir cette FOI et cette CERTITUDE et, dès que tu doutes, l'accepter et immédiatement remplacer par des pensées et des paroles TRÈS POSITIVES.

Dans mon livre *« Découvrir tes trésors »,* je témoigne comment DIEU m'a tout donné, m'a comblé et me comble toujours. Oui, j'affirme que, depuis 1986, j'ai toujours eu ce dont j'ai eu besoin au niveau financier pour mon évolution. Oui, je certifie que la vie est ABONDANCE et GÉNÉROSITÉ.

Tu es un enfant de la vie, tu es AIMÉ DE LA VIE, tu es une PARTICULE DU TOUT. Tu fais PARTIE DU TOUT et tu peux bénéficier du TOUT EN ABONDANCE.

LA CLÉ POUR ACCÉDER A L'ABONDANCE, C'EST LA FOI, LA CONFIANCE ET LA CERTITUDE.

TOUT CE QUE TU CONÇOIS DANS TON ESPRIT, TU L'OBTIENDRAS EN MAINTENANT CE CONCEPT.

LES PLACEMENTS

D'ARGENT

ET ASSURANCES

LES PLACEMENTS D'ARGENT

Plus tu seras dans la conscience que l'UNIVERS EST ABONDANCE, plus tu t'ouvriras à cette abondance et, si tu VISUALISES un SURPLUS DIVIN, logiquement tu obtiendras effectivement un SURPLUS DIVIN.

Cet argent, tu peux le redistribuer, mais tu peux aussi le mettre sur un compte, acheter des actions, etc., et c'est bien. Le jour où tu auras des projets, tu pourras te servir de cet argent. En attendant, il sert à des personnes qui font des emprunts pour leurs projets. Dans ce cas, on peut dire que l'ÉNERGIE ARGENT circule.

Dans le sens négatif, je rencontre des personnes qui me disent qu'elles mettent de « côté » en cas de coup dur. Si la personne place de l'argent dans cet état d'esprit, elle prend le risque d'avoir un « coup dur » à la hauteur du capital placé.

Donc, ce n'est pas l'argent qui est en cause, mais l'état d'esprit dans lequel on fait les placements.

Tu peux effectuer des placements bien rémunérés et c'est bien, comme tu peux le faire dans un cadre plus solidaire et moins rémunéré et c'est bien aussi. Je crois qu'il est important de suivre tes intuitions, mais dans tous les cas, tu ne dois pas te culpabiliser ou prendre des personnes en charge.

En ce qui concerne les assurances, il en est de même que pour les placements, en sachant qu'il y a toutefois des différences, à savoir :

les assurances obligatoires, sur lesquelles je n'ai rien à dire de particulier ;

les assurances facultatives (assurances-décès, assurances-vie, etc.)

Si tu prends une assurance-vie ou décès car tu as peur qu'il t'arrive quelque chose, tu prends le risque d'avoir une difficulté. De nouveau, ce n'est pas l'assurance qui est en cause, mais l'état d'esprit dans lequel tu le fais.

TU CRÉES TA RÉALITÉ
PAR TES PENSÉES, TES PAROLES
ET PAR TES ACTES.

SOIS ATTENTIF ET VIGILANT
A CHAQUE INSTANT.

TROISIÈME PARTIE

SAVOIR DONNER

AVEC JUSTESSE

SAVOIR DONNER

AVEC JUSTESSE

S'il est important de savoir recevoir l'ABONDANCE que nous donne l'UNIVERS, il est aussi essentiel de savoir donner avec justesse. En effet, il y a un lien direct entre notre manière de donner et celle de recevoir.

J'ai observé que certaines personnes espèrent recevoir beaucoup mais ont des difficultés pour donner, et par là-même elles bloquent l'ÉNERGIE ARGENT.

En réalité, la vie donne avec la même mesure que nous donnons. Quand Jésus disait qu'il est important de donner avec une mesure bombée et tassée car DIEU nous sert de la même façon, il parlait des LOIS UNIVERSELLES DE CAUSES A EFFETS. En clair, nous récoltons toujours ce que nous semons. Quand nous donnons généreusement et avec joie, nous recevons généreusement et avec joie.

Je précise un point important :

En effet, si tu donnes de l'amour à une personne, le retour peut se faire sous forme d'ARGENT. Tu peux aussi aider quelqu'un physiquement et le retour peut se faire sous une forme d'argent par un autre canal qui n'a rien à voir avec celui que tu as aidé. De même, si tu donnes de l'argent à une personne, le retour peut se faire au niveau professionnel.

Je rappelle, à ce sujet, que tu ne peux pas dissocier l'ÉNERGIE ARGENT des autres éléments de la vie. Tout s'interpénètre et tout agit sur tout. Si tu ne donnes pas l'AMOUR que ton ÂME souhaiterait donner, tu peux être limité financièrement. Si tu n'utilises pas toutes les possibilités au niveau professionnel, tu peux être aussi limité financièrement car tu fais de la rétention d'énergie.

Je pourrais prendre des dizaines d'exemples, mais ce qui me semble important c'est que tu prennes conscience de cette interconnexion entre tous les domaines de ta vie. Des personnes vivent des blocages au niveau financier sans en comprendre la raison. J'expliquerai plus loin comment effectuer des recherches et agir en conséquence.

Plusieurs conseils :

- Déclarer de la manière la plus juste possible tes revenus et accepter de payer des impôts, car c'est le signe que tu as un revenu intéressant. Si tu utilises des moyens légaux de défiscalisation, c'est bien et juste. Si, dans ton esprit, tu n'aimes pas payer des impôts, automatiquement tu te fermes à la prospérité, c'est la raison pour laquelle il est important que tu sois conséquent avec toi-même.
- Il en est de même pour les personnes qui se plaignent de payer beaucoup de charges professionnelles (URSSAF, caisse de retraite, etc.). Plus elles se plaignent et moins elles auront de revenus. Effectivement, elles paieront moins de charges, mais par contre elles auront moins de revenus et se

trouveront en difficultés financières. Dans les professions libérales, artisanales, commerciales, etc., les personnes paient des charges proportionnelles aux revenus. Ce qui démontre que, logiquement, plus tu paies de charges, plus tu as de revenus. D'un autre côté, il est toujours possible de s'engager politiquement ou dans des organisations pour faire évoluer les choses.

- Paiement de factures à des artisans ou commerçants : Je t'invite à les régler le plus rapidement possible en reconnaissant le travail bien fait et en les remerciant. En effet, plus tu les règles rapidement et plus l'argent te reviendra rapidement. A l'inverse, plus tu attends et plus tu bloques l'ÉNERGIE ARGENT dans ta vie. Plus tu règles rapidement en reconnaissant le travail bien fait et plus les autres reconnaîtront ton travail. A l'inverse, plus tu critiques le travail des autres, plus tu seras critiqué.

Très important : Je t'invite à faire aux autres ce que tu aimerais qu'on te fasse, et ceci dans tous les domaines.

Je pense à une personne qui réglait ses factures avec retard (quelquefois plusieurs mois après l'échéance). Elle se plaignait que ses patients oubliaient leur carnet de chèques (donc ils attendaient la visite suivante pour régler), ou qu'ils demandaient un délai très long, ou qu'ils ne payaient pas du tout.

Je rencontre des personnes qui se disent dans une démarche spirituelle ou dans une certaine démarche intérieure, qui critiquent la société de consommation et qui, pourtant, dépendent financièrement de la Société et sont assistées. C'est un comportement incohérent qui les met en dysharmonie avec les LOIS UNIVERSELLES.

CHACUN REÇOIT DE LA MÊME MANIÈRE QU'IL DONNE.

D'une manière générale, si une personne est en manque (affectif, matériel, argent, professionnel, etc.), c'est qu'elle ne donne pas correctement dans un ou plusieurs domaines de sa vie. Ce n'est peut-être pas facile à entendre et cela peut déranger.

Si tu observes des personnes de ton entourage, si tu écoutes ce qu'elles disent, et si tu regardes leurs fonctionnements, tu verras les liens de cause à effet. En observant les autres, tu apprendras beaucoup sur toi et cela t'aidera à t'examiner toi-même dans tes fonctionnements.

COMPORTEMENT PAR RAPPORT AUX SOLDES

Nombreux sont ceux qui attendent les soldes pour acheter des vêtements ou autres choses. Pour certains, c'est le moment où ils peuvent acheter à pas cher. D'autres achètent plus de choses que prévu, donc ils dépensent autant sinon plus et parfois les vêtements seront très peu utilisés.

Pendant la période des soldes, les commerçants gagnent moins. Si tu achètes à ce moment-là, tu cautionnes le fait que les commerçants gagnent moins et, sans le savoir, tu te « soldes » symboliquement et toi-même tu ne seras pas reconnu. D'ailleurs, les personnes qui sont habituées à écouter leur intuition sont très souvent « guidées » à acheter en dehors des soldes.

Ceci dit, ce ne sont pas les soldes qui sont en cause, mais toujours l'état d'esprit dans lequel tu es. Il est possible qu'une personne mette ce que j'appelle une option mentale pour l'achat d'un vêtement, alors qu'il est à un prix normal et que, quelques jours plus tard, le vêtement soit en solde. Dans ce cas, c'est un cadeau que la VIE lui propose.

NÉGOCIATIONS ET MARCHANDAGES

Je fais une différence entre négocier et marchander, même si cela peut paraître un jeu de mots. Pour moi, dans ma conception, NÉGOCIER c'est proposer à l'autre quelque chose qui soit le plus juste possible en le respectant et en étant respecté.

Exemple : J'ai une voiture à vendre et je souhaite en acheter une neuve. Je peux aller voir deux ou trois garagistes pour leur proposer d'acheter ma voiture d'occasion et de m'indiquer la différence que j'aurais à donner entre l'ancienne et la nouvelle voiture. Je peux choisir de conclure l'affaire avec celui qui me fera la proposition la plus intéressante.

En ce qui me concerne, je tiens énormément compte de l'accueil et de l'honnêteté des personnes. Il m'est arrivé, de ce fait, d'acheter deux Renault neuves chez un concessionnaire Audi. Cela m'a coûté un peu plus cher, mais j'ai choisi les personnes qui me paraissaient, à ce moment-là, les plus cohérentes et les plus intègres. La VIE m'a très largement récompensé financièrement. Par la suite à trois reprises, j'ai choisi d'acheter des Audi et, à chaque fois, le concessionnaire m'a offert des prix intéressants.

Autre type de négociation : un marchand de bestiaux qui achète chez un agriculteur des animaux au prix le plus juste et qui les revend à un grossiste le prix le plus juste en ayant prélevé une commission au passage, fait une transaction juste et il est normal qu'il soit rémunéré correctement.

Cela est vrai pour d'autres activités.

En ce qui concerne le marchandage, si je considère que l'autre gagne beaucoup d'argent et que j'essaie de « tirer » les prix vers le bas en lui faisant diminuer sa marge, je suis dans une démarche négative.

Je pense à un homme qui me parlait de sa situation professionnelle. Il m'a expliqué qu'il proposait dans les entreprises des contrats de maintenance et d'installation en informatique. Ce qu'il offrait était de qualité supérieure à la moyenne, mais lorsqu'il était prêt à faire signer les contrats, des collègues d'autres marques prenaient sa place avec un prix plus bas. Il estimait qu'il avait un manque à gagner de 45.000 € dans l'année.

En cherchant pourquoi cela lui arrivait, il a compris le lien qu'il y avait entre son comportement et sa vie privée. En effet, quand il achetait un vêtement, des chaussures, etc., il marchandait et économisait, selon lui, environ 1.500 € par an. Je lui ai fait prendre conscience que ses 1.500 € d'économies lui faisaient perdre les 45.000 € de contrats. De nombreuses personnes, en croyant économiser, perdent, en réalité, beaucoup plus.

Cela m'est arrivé aussi. J'ai voulu acheter des K7 vierges pour effectuer des copies de mes conférences et des entretiens individuels. J'ai récupéré un appareil audio chez un commerçant et ma voix intérieure m'a dit d'acheter les cassettes dont j'avais besoin dans ce magasin, mais mon mental m'a soufflé d'aller dans une grande surface où ce serait moins cher. Ce que j'ai fait et j'ai acheté pour 140 € de cassettes que j'ai mis dans le chariot. Auprès de ma voiture, j'ai fait la connaissance d'une personne et nous avons parlé pendant un quart d'heure environ. Comme j'avais un rendez-vous, la personne est partie et je suis monté dans ma voiture.

Le lendemain, en voulant commencer les enregistrements, je me suis aperçu que je n'avais pas les cassettes qui étaient restées dans le chariot de la grande surface. A ce moment-là, j'ai pris conscience que j'ai voulu faire des économies et, qu'en réalité, j'allais tout perdre. Je l'ai accepté car je n'avais pas écouté ma VOIX INTÉRIEURE. J'avais été incohérent.

J'ai téléphoné au magasin et il m'a été répondu qu'une personne avait rapporté les cassettes. Je n'ai rien perdu, mais j'ai compris la leçon. Désormais, je suis plus attentif.

Si tu marchandes avec toi-même ou avec les autres, accepte par avance de perdre dans un domaine ou dans un autre car l'équilibre se fait toujours en fonction des LOIS UNIVERSELLES. Ce que tu prends à autrui te sera repris sous différentes formes, car tu ne peux pas garder ce qui a été acquis injustement ou pris à quelqu'un d'autre. Il y a un comptable à qui on ne peut rien cacher, c'est l'UNIVERS. C'est pour cela qu'on ne peut pas perdre ce qui nous appartient de droit DIVIN. Ce qui a été pris injustement sera rendu un jour ou l'autre sous une forme ou une autre par des moyens inattendus.

RELATIONS ENTRE LE DONNER ET LE RECEVOIR

J'ai observé que, très souvent, notre ÂME nous auto-évaluait pour savoir si nous avions bien intégré les messages qu'elle nous avait proposés.

Un exemple :

Un matin, une femme avait tiré une carte : *« Oui, aujourd'hui j'ose me faire plaisir »,* et elle a reçu l'image d'un pull qu'elle désirait acheter. Dans la matinée, elle est allée acheter ce pull dans un magasin qu'elle connaissait. Arrivée chez elle, elle a ouvert sa boîte aux lettres dans laquelle il y avait une publicité de ce magasin qui offrait une remise de 10 % sur chaque pull acheté. Elle a été déçue qu'on ne lui ait pas fait cette remise et aussitôt elle a téléphoné. On lui a répondu : « Regardez sur le document, c'est à partir de demain que commence les remises, mais comme vous osez téléphoner et que vous êtes une cliente fidèle, nous vous donnerons cette remise cet après-midi ». Elle a été très heureuse de cette proposition et, de nouveau, elle a tiré une autre carte : *« Oui, l'Univers me fait un cadeau ».*

Le midi, un homme a sonné au moment du déjeuner et lui a fait part que sa bouteille de gaz étant vide, il n'avait pas assez d'argent pour acheter une recharge (environ 10 €). Il ne pouvait pas chauffer ses aliments et il lui a demandé de l'aider financièrement.

Immédiatement, elle a compris le test de l'Univers : *« Ce matin, tu as eu un cadeau, est-ce que tu acceptes de partager ? »* Elle a dit à l'homme qu'elle l'aiderait mais, en vidant son porte-monnaie, il lui restait 6 €. Elle les lui a donnés et lui a demandé de revenir dans la soirée car elle aurait récupéré la remise du pull. Quand il est revenu le soir, elle lui a donné la différence. L'homme l'a remerciée et elle s'est sentie heureuse et en paix.

Une quinzaine plus tard, elle a gagné un voyage d'une semaine en Corse pour deux personnes. Elle reste persuadée que si elle n'avait pas donné les 10 €, elle n'aurait pas gagné ce voyage.

Je pense à une autre femme qui, en début de semaine, n'avait presque plus d'argent (100 F) pour acheter de la nourriture pour sa famille, tout en sachant que son mari recevrait son salaire le vendredi de cette même semaine. En se rendant au magasin, elle a pensé à une amie dont c'était l'anniversaire et, malgré sa limitation en argent, elle a décidé de lui offrir une rose, puis elle a acheté les aliments qu'elle voulait. Elle a offert cette rose avec amour à son amie, sans en parler à son mari. Le vendredi, celui-ci est arrivé avec un bouquet de quinze roses. C'était la première fois, depuis quinze ans qu'ils étaient mariés, qu'il lui offrait des fleurs.

L'Univers lui a fait un cadeau par l'intermédiaire de son mari parce qu'elle a écouté son cœur et qu'elle a fait confiance.

J'insiste sur le lien qui existe entre la manière dont tu donnes à tous les niveaux et dans tous les domaines de ta vie, et la manière dont tu reçois de la VIE. Plus tu donnes généreusement dans l'AMOUR INCONDITIONNEL, et plus tu recevras généreusement et dans l'amour.

Pour recevoir, cela suppose que tu te prépares à accueillir. Je rappelle que ce qui t'empêche de recevoir, c'est très souvent un manque d'HUMILITÉ. Recevoir, c'est accepter symboliquement de « dépendre » de la VIE et de l'autre. Accepte de recevoir sans te sentir obligé de « rendre » sous une forme ou une autre.

En refusant le don d'une personne, quel qu'il soit, tu l'empêches d'exprimer son amour à ton égard et, par là-même, tu te fermes à l'abondance dans tous les domaines. En donnant, tu as un pouvoir sur l'autre. Certaines personnes donnent dans ce sens, consciemment ou inconsciemment. Alors, elles se ferment aux dons pour ne pas être dominées à leur tour. Cela n'est pas une véritable démarche d'AMOUR.

Il arrive que des parents donnent de l'argent à leurs enfants majeurs en leur disant : « Je te donne de l'argent à condition que tu l'utilises de telle ou telle manière ». Ce comportement « enferme » celui qui reçoit et cela risque de créer des tensions. Dans le chapitre suivant, je vais donner plus de détails.

DONS A DES ŒUVRES OU ASSOCIATIONS

Je te conseille d'être dans le discernement avant de donner à des œuvres ou associations. Là aussi, des personnes se sentent « obligées » de donner à un organisme pour se déculpabiliser d'être privilégiées par rapport à d'autres en difficultés. Un don fait dans cet esprit n'est pas un véritable don.

Par ailleurs, il y a deux types de structures : premièrement, les œuvres ou associations qui prennent les gens en charge. Je déconseille de donner à ces organismes. Deuxièmement, les œuvres ou associations qui aident les personnes à se prendre en charge, à devenir le plus autonome possible : création d'écoles, forages de puits, projets humanitaires qui permettent de devenir indépendants au niveau alimentaire, santé, etc. Dans ce cas, tu peux donner ce que tu veux.

Certaines personnes (particuliers ou entreprises) donnent du travail à des C.A.T. (Centre d'Aide par le Travail). Les services ou produits ont un coût plus élevés, mais il y a un échange d'énergie, les personnes sont reconnues et valorisées.

A l'inverse, quand on prend les personnes en charge, elles deviennent à charge et, en plus, c'est dégradant pour l'ÊTRE HUMAIN.

IL EST IMPORTANT QUE CHAQUE PERSONNE PRENNE SES RESPONSABILITÉS POUR ÊTRE AUTONOME GLOBALEMENT AFIN DE NE PAS DÉPENDRE DE LA SOCIÉTÉ.

L'ARGENT

ET LA SOCIÉTÉ

L'ARGENT ET LA SOCIÉTÉ

Que ce soit au niveau de la France, de l'Europe ou du Monde, nous sommes une particule de cet ENSEMBLE, et nous ne pouvons pas fonctionner comme si nous étions seuls. Nous sommes à la fois indépendants et interdépendants avec toujours cette notion de circulation d'énergies et d'échanges.

Pour moi, il est important que chacun donne le meilleur de lui-même pour le bien de tous et de la collectivité. Celui qui donne toujours le meilleur de lui-même dans la conscience, qu'il fasse partie de la collectivité ou qu'il participe au bien-être de tous, sera toujours bien servi par la VIE, le DIVIN, car nous recevons toujours comme nous donnons et cela enrichit la collectivité.

A l'inverse, la personne qui considère que tout lui est dû alors qu'elle-même donne le moins possible en considérant que la société lui doit, sera toujours limitée non seulement au niveau financier mais aussi dans tous les autres domaines de sa vie, et elle appauvrit la collectivité.

Je rappelle qu'il n'y a pas de meilleur comptable que l'UNIVERS et que nous recevons de la même manière que nous donnons. Nous pouvons dire ce que nous voulons aux autres, mais nous ne pouvons pas nous mentir à nous-mêmes et notre cœur ne nous laissera jamais en paix tant que nous serons en dysharmonie.

Il est important d'être dans l'action juste au niveau personnel, vis-à-vis de l'entreprise, des services publics et de toutes personnes en général, mais aussi dans toutes les situations.

Evite le plus possible de juger négativement ou de critiquer les personnes qui gèrent les finances publiques.

Au moment des élections, chacun choisit des responsables politiques et peut agir pour que ce soit telle ou telle personne qui soit élue. Une fois que ces personnes sont en place, elles sont responsables des finances publiques quant à leur utilisation et en assument les conséquences. Cela n'empêche pas, par différents moyens, d'exprimer tes souhaits. Evite les critiques et, par la pensée, souhaite que les responsables prennent les bonnes décisions pour le bien de tous.

Je précise que tu peux avoir un jugement objectif, être dans le constat qu'une décision ne te semble pas juste, sans être dans la critique négative ou agressive.

Je crois que pour diminuer les déficits publics, il est important d'encourager les personnes à se responsabiliser davantage, à être plus autonomes et à être dans la conscience de la prospérité.

L'ARGENT

ET LES ENFANTS,

LA FAMILLE

ET LES AMIS

L'ARGENT ET LES ENFANTS

Il est intéressant d'observer les enfants par rapport à l'argent. En effet, même s'ils ont reçu la même éducation dans une famille, chaque enfant aura un comportement spécifique par rapport à l'argent.

Il y a toujours un lien avec ce que l'enfant perçoit de ses parents au niveau de l'argent. Il sera globalement dans le même scénario ou dans ce qu'on appelle le contre-scénario. *Exemple :* un père peut être avare et thésauriser, et avoir un enfant qui dépensera facilement au point de se trouver régulièrement débiteur. A l'inverse, une personne a pu vivre avec des parents très limités financièrement et elle développera une activité professionnelle lui permettant d'avoir beaucoup d'argent.

Il est certain que l'on rencontre souvent dans une même famille, donc avec les mêmes parents, un enfant qui gagnera beaucoup d'argent et réussira à tous les niveaux, et un autre qui sera très limité financièrement et se mettra en position d'échec.

Ces comportements sont, la plupart du temps, le résultat de rejet ou de critique vis-à-vis des parents ou de la fusion avec eux.

Si tu vis cette situation, je t'invite à revoir ton fonctionnement par rapport à ton passé et à te libérer de ces schémas pour vivre vraiment ce que tu as envie de VIVRE.

J'ai remarqué que de nombreuses personnes dans la cinquantaine et plus, nées pendant la période de la guerre ou après, ont vécu chez des parents limités financièrement, si bien qu'elles ont dû travailler très tôt, vers seize ans. Ces mêmes personnes, quand elles ont eu des enfants, ont eu tendance à les prendre en charge pour leur permettre de faire des études et de mieux vivre leur adolescence. Aujourd'hui, ces jeunes demeurent, à plus de vingt-cinq ans, chez leurs parents et dépendent de plus en plus d'eux financièrement. C'est un modèle du phénomène de contre-scénario.

Bien sûr, il n'y a pas de notion de bien ou de mal dans cette situation. Tout simplement, il est essentiel d'être dans le discernement pour chaque enfant et de définir le plus juste possible jusqu'où il faut aller ou pas dans l'aide financière. Prendre un enfant en charge peut l'empêcher d'évoluer car il peut devenir à charge.

Des parents me citaient le cas de leur fille à qui ils donnaient tout ce dont elle avait besoin financièrement. A dix-neuf ans, après avoir arrêté ses études, elle ne cherchait pas d'emploi, regardait la télévision et ne participait pas aux travaux ménagers. Les parents lui donnaient de l'argent pour ses loisirs et elle était nourrie et logée gratuitement, sans faire aucune démarche pour trouver un emploi.

Les parents ont compris qu'ils étaient dans la prise en charge et qu'ils ne rendaient pas service à leur fille en ayant ce comportement. Ils lui ont donné un mois pour chercher du travail et annoncé que si elle ne trouvait pas, ils arrêteraient de lui donner de l'argent pour ses loisirs, mais assureraient seulement le gîte et le couvert. Quinze jours plus tard, elle avait trouvé un emploi.

Il est important, si tu as de jeunes enfants, de les associer financièrement à leurs projets. Deux enfants d'une dizaine d'années souhaitaient posséder un appareil qui se branche sur la télévision pour jouer à des jeux. Cet appareil neuf coûtait cinq cent euros. Les parents, d'accord pour cet achat, ont accepté d'investir deux cent cinquante euros. Ils ont demandé à leurs enfants de visualiser que l'autre moitié arriverait par des moyens Divins, soit par de l'argent inattendu, soit par une autre manière. Les enfants ont bien visualisé car, la semaine suivante, sur un journal gratuit, il y avait une annonce pour vendre un appareil identique pour la somme de deux cent cinquante euros. Cela correspondait à ce que les parents voulaient mettre et les enfants, sans débourser un centime, ont eu ce qu'ils désiraient.

Les jeunes enfants ont un pouvoir important au niveau de la visualisation et de la programmation. Un couple avait un garçon de cinq ans dont le grand-père avait gagné au « Millionnaire » la somme de 1.800 €. L'enfant a dit à cette occasion : *« Comme papy, je vais gagner au « Millionnaire » la même somme que lui ».* Avec les quelques euros de sa tirelire, il a acheté un billet et a gagné la même somme que son grand-père.

En faisant de telles expériences, les enfants prennent conscience qu'ils peuvent s'ouvrir très tôt à l'abondance de l'UNIVERS et être de plus en plus indépendants et responsables et, surtout, reconnaître que tout est possible.

Je citerais le cas d'une jeune étudiante qui devait aller à Paris pour poursuivre ses études. Sans moyens financiers pour se loger, elle était persuadée qu'il y aurait une bonne solution, son désir étant de trouver une chambre dans un beau quartier. Aussi elle a visualisé et programmé l'endroit idéal pour son confort. Dans les semaines qui ont suivi, grâce à un ensemble de synchronicités, elle a été mise en contact avec une dame âgée qui cherchait une personne de compagnie, le soir et la nuit, en échange de l'hébergement et des repas gratuits. Cette dame était très agréable et la jeune fille a pu réaliser son rêve gratuitement.

Oui, si tu as des enfants, je t'invite à leur proposer d'effectuer ce genre d'expérience.

IMPORTANT. – Si tu as des enfants qui s'installent en profession libérale ou qui créent leur entreprise, ou achètent une maison, et que tu es sollicité pour te porter caution, je t'invite à t'assurer que cela est juste et que c'est le bon moment.

Il y a des années où tout est possible et d'autres où il faut éviter de créer une entreprise. En numérologie, il y a des cycles de neuf ans et, dans ces cycles, il y a deux années pendant lesquelles il n'est pas souhaitable d'investir. J'ai rencontré dans mes groupes des parents qui ont eu des pertes d'argent importantes pour avoir cautionné leurs enfants à un moment inapproprié ou qui ne correspondait pas à la MISSION de l'enfant. Dans tous les cas, il est essentiel d'être dans le discernement avant de prêter ou de donner de l'argent à tes enfants, pour être certain que cela est juste.

Je conseille, quand des parents prêtent ou donnent de l'argent à des enfants, de l'écrire sur des feuilles en plusieurs exemplaires, afin que tous les membres de la famille soient au courant ; cela évite plus tard la confusion et les malentendus. Je crois qu'il est essentiel d'agir comme s'ils étaient des personnes étrangères à la famille ; pour des montants très importants, il est souhaitable de rencontrer un notaire pour officialiser le document.

Il est nécessaire d'être le plus équitable possible dans les prêts aux enfants.

Pour conclure, quel que soit l'âge des enfants, il est très intéressant d'observer leur comportement par rapport à l'argent car tu apprendras beaucoup sur ton propre comportement dans ce même domaine. C'est d'autant plus important quand les enfants sont jeunes (de 5 à 15 ans).

L'ARGENT ET LA FAMILLE

Dans le couple. – Si tu es en couple, il est intéressant de regarder comment vous fonctionnez par rapport à l'argent. Il y a beaucoup de comportements possibles, je dirais autant qu'il y a de couples.

Il peut y avoir une personne qui a peur du manque et l'autre faire confiance. De ce fait, il est possible que l'ÉNERGIE ARGENT soit freinée. Si les deux personnes ont peur de manquer, elles prennent le risque de créer le manque.

L'idéal serait que les deux personnes fassent confiance dans l'ABONDANCE UNIVERSELLE. Je conseille de confier la gestion du compte familial à la personne qui est la plus positive financièrement.

D'autre part, dans un couple harmonieux, je considère que le revenu n'est pas individuel mais celui du couple. Que ce soit l'homme qui ait un salaire supérieur à sa femme, ou l'inverse, c'est le revenu du couple. Il arrive que la femme n'ait pas d'activité rémunérée, mais en étant au foyer, en s'occupant des enfants et de l'intendance, etc., elle permet à son mari d'avoir un poste à responsabilité mieux rémunéré qu'il n'aurait peut-être pas pu avoir autrement. Un certain nombre de femmes se retrouvent dans cette situation, mais elles ne sont pas reconnues à leur juste valeur par leur mari ou la société.

Quand il y a séparation par le divorce, il est essentiel que l'homme donne un capital plus important à la femme en tenant compte des années qu'elle a données à la famille. Dans cette situation, il est nécessaire d'être équitable.

J'ai observé, par ailleurs, que la personne qui reste au foyer et qui vit, en partie, du revenu de celle qui travaille, a de la difficulté à s'acheter des choses pour elle car elle a l'impression de « coûter » cher à l'autre et de dépenser l'argent de l'autre, donc elle crée une forme de culpabilité. Le dialogue est obligatoire pour dépasser ces comportements et changer de conscience.

Il est intéressant d'observer comment tu parles et comment tu utilises l'argent. Très souvent, tu trouveras des liens avec le fonctionnement de tes parents dont tu reproduis les mêmes scénarios ou l'inverse.

Je pense à une femme dont les parents agriculteurs vivaient avec peu de revenus. Elle avait visualisé qu'elle se marierait avec un homme ayant une bonne situation financière. Cela s'est réalisé et elle a participé par ses encouragements et ses conseils à l'accroissement financier de son mari qui est devenu millionnaire. Elle a pu s'acheter tout ce qu'elle a voulu et pourtant elle se sentait dans une prison, dorée certes, mais une prison. Elle a quitté son mari pour vivre plus simplement. En réalité, elle avait choisi ce comportement en réaction à la situation de ses parents, ce qui n'était pas juste.

Donc, s'il y a des comportements qui te dérangent chez ton conjoint, il est intéressant d'observer les liens qu'il y a par rapport à ton histoire familiale (voir le chapitre sur les démarches de pardon).

L'ARGENT ET LES AMIS

Comme pour la famille, les enfants, les parents, je t'invite à avoir du discernement avant de prêter ou de donner de l'argent. En effet, un certain nombre de personnes ont prêté de l'argent sans discernement et l'ont perdu.

Une personne qui est en difficulté financière a un message à comprendre et, dans certains cas, si tu lui prêtes ou donnes de l'argent, tu l'empêches de comprendre ce message et cela peut l'empêcher d'évoluer, et donc tu perdras cet argent. A l'inverse, si cela est juste et bon, tu récupèreras cette somme dans de bonnes conditions.

Je citerais deux exemples qui me semblent intéressants pour illustrer ces propos.

Premier témoignage. – Une femme, qui avait fait la démarche avec moi, avait son compte bancaire qui oscillait entre 0 € et moins 750 €. Visiblement, elle s'était habituée à cette situation et son banquier aussi.

Or, un jour, son compte est descendu à moins 1.500 € et son banquier lui a envoyé un courrier pour la sommer de renflouer son compte dans les trois semaines à venir sinon elle aurait un interdit bancaire.

Elle m'a téléphoné pour savoir comment régler la situation. Je lui ai proposé de rechercher la cause essentielle du blocage financier. Elle m'a contacté une semaine avant l'échéance fixée au samedi suivant et m'a expliqué qu'elle avait demandé à des amis et des personnes de sa famille s'ils pouvaient lui prêter de l'argent, mais pas un n'avait répondu positivement.

Je lui ai alors indiqué que ça n'avait rien à voir avec ce que je lui avais proposé. Elle devait rechercher la cause de son blocage (j'ai observé que plus l'échéance est proche, plus les personnes entendent). Trois jours avant l'échéance, elle m'a téléphoné que, d'après sa recherche, son blocage provenait de sa relation avec son ex-conjoint. En effet, au moment de son divorce, la séparation s'était effectuée dans l'agressivité et le ressentiment et elle lui en voulait toujours. Je lui ai alors conseillé de faire avec AMOUR une démarche de pardon à l'égard de son ex-mari car, pour moi, il était évident que si elle refusait cette démarche, ce serait le banquier qui, symboliquement, la mettrait à genoux. Je lui ai indiqué que, si cette démarche n'était pas effectuée avec l'AMOUR INCONDITIONNEL, elle serait peut-être amenée à téléphoner à son ex-mari pour lui demander de lui prêter la somme.

J'ai constaté que cela ne l'arrangeait pas du tout. Elle a fait cependant cette démarche de pardon, tout en demandant autour d'elle une aide financière. La veille du remboursement, n'ayant pas obtenu d'aide, elle a décidé, humblement, de téléphoner à son ex-mari. Ils se sont entretenus pendant une heure dans la sérénité et le respect. Elle ne l'avait jamais connu aussi positif. Non seulement il lui a prêté l'argent, mais il le lui a donné.

En réalité, si une personne lui avait prêté cet argent, cette femme n'aurait pas effectué efficacement sa démarche de réconciliation, et la personne aurait perdu cet argent car elle aurait empêché son évolution.

Je crois que l'ÂME nous propose des « situations incontournables » pour nous aider à comprendre des messages et à régler des événements du passé, mais aussi pour nous inviter à changer de comportement pour prendre des décisions justes. L'ÊTRE HUMAIN est « interpellé » dans le domaine le plus sensible pour lui.

Deuxième témoignage. – En 1995, une jeune femme, qui participait à mes séminaires, s'était donné quatre objectifs importants qu'elle souhaitait voir se réaliser rapidement.

Le premier était de rencontrer un homme pour fonder un couple.

Le deuxième et le troisième étaient de changer d'emploi et d'obtenir un salaire supérieur.

Le quatrième était de changer de voiture.

Les souhaits qui s'étaient réalisés les premiers avaient été le changement d'emploi avec un salaire supérieur (230 € de plus).

Puis, au cours des modules de formation, elle avait décidé d'acheter une voiture pour un montant de 3.750 €. Je lui ai indiqué qu'il était important de se laisser « choisir par la voiture » et non pas de choisir en fonction du prix, car l'achat d'une voiture n'est pas anodin puisque, symboliquement, elle nous conduit dans la vie.

Dans un garage, elle a eu le coup de cœur pour une voiture qui valait 7.500 €, le double de ce qu'elle avait prévu. Elle a posé trois « options mentales » pour avoir la confirmation que cette voiture lui convenait bien. La première option était que la voiture soit encore là dans quinze jours. Pour la deuxième, elle avait écrit sur une « carte du bonheur » : « J'achète cette voiture », et sur une autre « J'achète une autre voiture », et elle les a mises dans son jeu complet. Enfin une troisième option : que le banquier accepte de la financer.

Très rapidement, la carte « J'achète cette voiture » est sortie ; la voiture était toujours à vendre dans les quinze jours. Ensuite, elle est allée voir le banquier. Ayant 2.250 € de placés, le banquier lui a proposé un prêt de 3.750 € sur cinq ans et une avance sur trésorerie de 1.500 € à rembourser dans un mois, car elle lui avait dit qu'elle trouverait cette somme dans sa famille (ses parents). Pour elle, c'était le signe qu'elle pouvait acheter la voiture et c'est ce qu'elle a fait avec beaucoup de bonheur.

Deux semaines plus tard, elle m'a téléphoné que ses parents ne pouvaient pas exceptionnellement lui prêter d'argent, pas plus que les personnes de son entourage. Paniquée, car l'échéance était prévue pour le vendredi en quinze, elle m'a demandé ce qu'elle devait faire, tout en me faisant remarquer que j'avais dit, si les options se confirmaient, que l'argent arrivait rapidement. Et ce n'était pas le cas pour elle.

Je lui ai demandé si elle avait douté après l'achat de la voiture, ce qui aurait pu provoquer un blocage au niveau de l'argent. Comme elle m'a affirmé que non, je lui ai conseillé d'avoir confiance et qu'il y aurait une bonne solution. Elle a été rassurée.

Le samedi précédent le remboursement, elle m'a téléphoné à nouveau pour me dire qu'elle n'avait toujours pas trouvé l'argent. Je lui ai répondu qu'elle devait faire confiance jusqu'au bout, car on ne savait pas comment la VIE pouvait AGIR, mais qu'elle agissait TOUJOURS au BON MOMENT et d'une MANIÈRE JUSTE, et que cela pouvait être une INITIATION au niveau de la CONFIANCE, de la FOI dans la VIE.

A peine son téléphone raccroché, une amie l'a invitée à un repas pour le jeudi soir, c'est-à-dire la veille du remboursement. Immédiatement elle a pensé qu'il pourrait se passer quelque chose. Elle a accepté l'invitation.

Elle pensait être seule invitée. Or, plusieurs personnes avaient été conviées et elle a été placée face à un homme, libre affectivement, et leurs échanges ont été amicaux. A la fin du repas, au moment du départ, cet homme lui a souhaité une bonne fin de semaine. Elle lui a répondu que ce ne serait pas le cas car elle devait rembourser à la banque la somme de 1.500 € qu'elle n'avait pas. L'homme lui a dit qu'il pouvait lui prêter avec joie cette somme, mais que n'ayant pas son chéquier sur lui, il l'invitait à venir chercher le chèque le vendredi matin. Ce qu'elle a fait.

Elle n'avait pas été particulièrement interpellée par cet homme, mais ce prêt d'argent a créé un lien entre eux qui s'est transformé en amitié profonde. Six mois après, ils se sont mariés.

Si une personne de sa famille avait prêté la somme, cette femme n'aurait peut-être pas créé une amitié avec cet homme. Je suis toujours émerveillé de voir comment notre ÂME nous propose des situations qui nous guident pour réaliser notre LÉGENDE PERSONNELLE.

Ce sont des milliers de témoignages que je pourrais donner tous aussi merveilleux les uns que les autres, et qui nous font vivre de véritables initiations.

LA VIE EST ABONDANCE. CETTE ABONDANCE ARRIVE SOUVENT PAR DES MOYENS INATTENDUS ET IMPRÉVISIBLES.

CROIS SIMPLEMENT QUE TOUT EST POSSIBLE. LA VIE CONNAIT TES BESOINS ET COMMENT LES SATISFAIRE.

QUAND TU AS CONFIANCE, TOUT ARRIVE AU MOMENT JUSTE ET DE FAÇON PARFAITE.

MÉTHODES SIMPLES POUR DÉCODER LES BLOCAGES FINANCIERS

MÉTHODES SIMPLES

POUR DÉCODER

LES BLOCAGES FINANCIERS

Je te propose, si tu souhaites connaître plus de prospérité dans ta vie, d'utiliser des méthodes simples qui te permettront de connaître l'origine de tes blocages financiers, et de savoir dans quels domaines tu dois agir aujourd'hui pour améliorer ta situation. Ces méthodes peuvent être appliquées dans d'autres domaines de ta vie (affectif, professionnel, santé, etc.)

TRÈS IMPORTANT :

Ces méthodes sont simples, très concrètes et fiables, sous *plusieurs conditions :*

- **Que tu crois vraiment en cette méthode comme étant l'expression de ton ÂME.**
- **Que tu t'engages vraiment à passer à l'action en fonction des résultats.**
- **Que tu sois dans la conscience que tu es responsable à 100 % de tes décisions et de tes actes.**
-

Je rappelle qu'il ne me sera pas possible de te conseiller par courrier ou par téléphone et que je me dégage de toute responsabilité quant au résultat.

Je te conseille de commencer par des choses simples afin de bien comprendre la méthode.

MOYENS UTILISÉS

- Les cartes blanches du jeu « *LES CARTES DU BONHEUR* » (même technique que pour chercher le prix juste).

- Bloc de papiers carrés.

- Pour les personnes qui effectuent les démarches avec moi, nous utilisons des méthodes plus performantes et avec beaucoup plus de précision, mais il ne m'est pas possible de les transmettre dans ce livre.

<u>Exemple que tu peux utiliser</u> *si tu as des difficultés financières :*

- sur un papier ou carte, tu mets *« Ma difficulté a un lien avec mon père »,*
- sur un autre : *« Ma difficulté a un lien avec ma mère »,*
- un autre : *« Ma difficulté est due à moi »,*
- un autre : *« Ma difficulté est due à mes paroles et pensées négatives »,*
- un autre : *« Ma difficulté a un lien avec mon conjoint »,*
- un autre : *« Ma difficulté a un lien avec mon couple »,*
- un autre : *« Ma difficulté a un lien avec mes enfants »,*
- un autre : *« Ma difficulté a un lien avec ma profession »,*
- un autre : *« Ma difficulté a un lien avec l'argent »,*

- un autre : *« Ma difficulté a un lien avec d'autres personnes »,*
- un autre : *« Ma difficulté a un lien avec autre chose »,* (toujours mettre une carte ou un papier pour *« autre chose »*).

Puis, tu mélanges ces cartes ou papiers entre eux, tu te centres bien et tu demandes à ton ÂME de te donner la réponse juste et tu tires une carte ou un papier les yeux fermés.

Plusieurs réponses possibles.
Quelques exemples :

- Tu tires la carte ou le papier : *« Ma difficulté est due à moi ».* Cela peut vouloir dire que tu ne t'aimes pas assez, que tu ne reconnais pas ta valeur et que tu te dévalorises, que tu n'oses pas te faire plaisir ou que tu te restreins à plusieurs niveaux, etc. – **Maintenant, aime-toi et reconnais ta valeur.**

- Si tu tires la carte ou le papier : *« Ma difficulté est due à mes pensées et paroles négatives ».* Cela veut dire que tu crées par tes pensées du genre : *« J'ai des petits revenus, des petits moyens, je suis toujours limité, je suis toujours débiteur, je manque toujours d'argent »,* ou que tu critiques ceux qui ont de l'argent, etc. – **Pense, maintenant, que l'argent arrive facilement dans ta vie et que tu as très largement ce dont tu as besoin et que tu as un surplus DIVIN.**

- Si tu tires la carte ou le papier : *« Ma difficulté a un lien avec mon conjoint ».* Je t'invite à effectuer un tirage complémentaire si tu as eu d'autres conjoints :
  - un papier : *« Ma difficulté a un lien avec mon ex-conjoint Jacques »,*
  - un papier : *« Ma difficulté a un lien avec mon conjoint actuel »,*

  et les yeux fermés, tu demandes à ton ÂME de t'indiquer lequel est concerné.

- Si tu tires la carte ou le papier concernant ton ex-conjoint, je t'invite à prendre le temps d'observer où tu en es par rapport à ta relation avec cet ex-conjoint, si tu es en PAIX avec lui ou elle, si les partages ont été équitables. **Si ce n'est pas le cas, vois comment tu peux changer les choses, effectue une démarche de pardon, etc.**

- Si tu tires une carte ou un papier : *« Ma difficulté a un lien avec mon couple »,* je te propose la même démarche que l'exemple du conjoint, en sachant que le conjoint est une personne et que le couple est une entité ou « troisième personne ». S'il y a un manque d'amour et d'échange dans le couple, cela peut provoquer un blocage au niveau de l'argent, **donc une invitation à mieux s'harmoniser au niveau du couple.**

- Si tu tires une carte ou un papier : *« Ma difficulté a un lien avec mes enfants »,* et que tu as plusieurs enfants, là aussi, je t'invite à noter sur des papiers le prénom de chaque enfant (y compris s'il y a eu interruption de grossesse), et tu ajoutes un autre papier : *« Ma difficulté a un lien avec tous mes enfants ».* Tu mélanges les papiers et **tu demandes à ton ÂME la réponse juste.**

Un témoignage parmi d'autres :

Une femme, qui participait à un séminaire sur le thème de l'argent, avait sorti la carte sur laquelle était écrit que ses difficultés financières avaient un lien avec ses enfants. Cela l'a surprise.

Comme elle avait trois enfants, je lui ai proposé de les noter sur trois papiers différents et (ayant eu l'intuition de lui demander si elle avait eu une interruption de grossesse, ce qu'elle m'a confirmé) de l'ajouter. Elle a tiré le papier concernant l'interruption de grossesse et, bien sûr, elle n'a pas compris le message et le lien avec l'argent.

A ma question sur ce qui avait provoqué cette interruption de grossesse, elle s'est mise à pleurer en disant que c'était son mari qui le lui avait demandé, car pour lui, avoir un quatrième enfant aurait provoqué des difficultés financières. Cette femme s'était culpabilisée et cela lui créait des blocages.

Je lui ai alors expliqué que l'ÂME de cet enfant les avait choisis et qu'elle savait qu'elle repartirait bientôt. Dans ces conditions, elle n'avait pas à se culpabiliser ; elle pouvait donner un prénom à cet enfant, car celui-ci était bien présent, l'aimait et l'accompagnait dans sa vie.

Elle s'est pardonnée de s'être culpabilisée, dans la conscience que son enfant était bien vivant et bien présent. Elle s'est pardonnée, également, d'en avoir voulu à son mari et de l'avoir critiqué par la pensée. Tout est entré rapidement dans l'ordre sur le plan financier.

- Si tu tires la carte ou le papier : *« Ma difficulté a un lien avec ma profession »*, cela peut vouloir dire que tu n'es pas tout à fait à ta place, voire pas du tout. Peut-être que tu ne t'investis pas correctement et que tu ne donnes pas ce que tu pourrais donner. Selon ce que tu vis actuellement, je t'invite, en conscience, à faire le point concernant ton activité professionnelle. Es-tu passionné par ce que tu fais ? Comment t'y investis-tu ? Donnes-tu le meilleur de toi-même ? **Prends les bonnes décisions et tu verras que l'ÉNERGIE ARGENT reviendra.**

- Si tu tires la carte ou papier : *« Ma difficulté a un lien avec l'argent »,* je t'invite à réfléchir et à observer ton rapport avec l'argent. Comment en parles-tu ? Comment l'utilises-tu entre le donner et le recevoir ? Vois tes capacités à recevoir et quelle est ta conception de l'argent ?

Très souvent j'ai observé, quand une personne a des limitations financières et qu'elle pose la question avec ces méthodes, que les réponses sont rarement en lien à l'argent avec l'argent, mais plutôt en rapport avec d'autres domaines. Je rappelle à ce sujet que tous les domaines de la VIE s'interpénètrent et que nous ne pouvons pas dissocier un élément des autres.

- Si tu tires la carte ou le papier : *« Ma difficulté a un lien avec d'autres personnes »,* je t'invite avec d'autres papiers à affiner pour savoir s'il y a un rapport avec les grands-parents, les frères et sœurs, les oncles et tantes, ou d'autres personnes telles que patron, collègues, amis, etc.

Pense à ajouter un papier supplémentaire : « *Autre personne* ».

Selon le tirage, vois plus précisément le rôle que cette personne a pu jouer dans ton histoire : croyance, reproduction de scénarios ou contre-scénarios, fidélité, etc.

Exemple. – Il a pu y avoir un grand-père qui, avare et prétentieux, a gagné beaucoup d'argent. Par réaction, tu dépenses tout en étant apparemment généreux. C'est être dans le contre-scénario.

Ce peut être aussi tes parents qui ont échoué et, par fidélité, tu reproduis la même chose. Inconsciemment, sur plusieurs générations de la famille, il a pu y avoir des faillites ou des difficultés importantes et tu les reproduis par fidélité.

Ce peut être aussi que tu critiques le responsable de ton entreprise qui gagne beaucoup d'argent et que cela entraîne chez toi un manque d'argent. Etc., etc...

Je t'invite à changer de comportement, à te libérer des vieux schémas familiaux ainsi que des croyances erronées.

- Si tu tires le papier ou la carte : *« Ma difficulté a un lien avec mon père »,* je t'invite à utiliser d'autres papiers ou carte pour affiner de la manière suivante :
  - Sur un papier ou carte, tu écris : *« C'est entre ma conception et ma naissance »,*
  - Sur un autre papier : *« C'est entre 0 et 5 ans »,*
  - Sur un autre papier : *« C'est entre 5 et 10 ans »,*
  - Sur un autre papier : *« C'est entre 10 et 15 ans »,*
  - Sur un autre papier : *« C'est entre 15 et 20 ans »,*
  - Sur un autre papier : *« C'est après 20 ans ».*

  Tu mélanges les papiers ou les cartes et, les yeux fermés, tu tires un papier ou une carte en demandant à ton ÂME de te guider.

- Si tu tires la carte : *« C'est entre 5 et 10 ans »,* tu affines encore de la manière suivante :
  - Sur une carte ou un papier, tu écris : *« C'est à 5 ans »,*
  - Sur un autre papier : *« C'est à 6 ans »,*

- Sur un autre papier : *« C'est à 7 ans »,*
- Sur un autre papier : *« C'est à 8 ans »,*
- Sur un autre papier : *« C'est à 9 ans »,*
- Sur un autre papier : *« C'est à 10 ans ».*

Tu mélanges les six papiers ou cartes et, les yeux fermés, tu demandes à être guidé.

- Si tu tires la carte ou le papier : *« C'est à 6 ans »,* cela veut dire que tes difficultés ont un lien avec ce qui s'est passé cette année-là avec ton père. Par exemple, à la naissance d'un frère ou d'une sœur, ton papa a pu dire que cela créerait des difficultés financières et que tu as tout mis en œuvre pour ne pas « coûter cher » à tes parents et que, depuis, tu te limites à tous les niveaux. Peut-être, as-tu eu du ressentiment à l'égard de ton papa ? Alors, je t'invite à te pardonner d'avoir été négatif à son égard, en prenant conscience qu'il avait peut-être peur de manquer et de ne pas pouvoir assurer ses responsabilités.

  - Il se peut aussi que ton papa a fait faillite ou qu'il avait d'importantes difficultés financières et que son inquiétude t'a traumatisé. Là aussi, **je**

t'invite à te libérer de ce passé et de décider de réussir pleinement dans ta vie dès maintenant.

- Si tu tires le papier ou la carte concernant ta mère, tu appliques la même démarche que celle vis-à-vis de ton père.

Voici quelques témoignages :

Une jeune femme avait pris conscience qu'elle perdait parfois de l'argent ou qu'on lui faisait payer plus cher des aliments qu'elle achetait. Régulièrement, les caissières se trompaient. Or, dans le même temps, il était fait des remises à son mari sans qu'il demande quelque chose. Elle avait remarqué qu'elle achetait les crayons dont elle avait besoin pour son entreprise, avec son compte personnel.

Nous en avons parlé ensemble et elle a fait les tirages avec les *« Cartes du Bonheur »*. Elle a sorti la carte *« Entre 0 et 1 ans »*. Bien sûr, elle n'en avait aucun souvenir conscient, alors elle a demandé à son ÂME de lui révéler l'origine de cette situation. Quelques jours plus tard, elle s'est rendue chez sa mère qui lui a dit : « J'ai retrouvé un carnet quand tu étais bébé sur lequel j'ai noté tout ce que j'ai acheté pour toi. » En effet, sur ce carnet étaient notées les couches achetées, la poudre de lait pour les biberons, etc. Sa maman lui a dit : « Qu'est-ce que tu nous a coûté cher à l'époque ! »

Sa maman lui a expliqué qu'elle était encore étudiante lorsqu'elle avait rencontré le garçon qui allait devenir plus tard son mari, lui-même étudiant. Ils avaient fait l'AMOUR et elle s'était retrouvée enceinte après cette première union. Les parents catholiques avaient considéré que leurs enfants avaient « péché » et qu'ils devaient être punis. Alors, ils ont arrêté de donner de l'argent pour leurs études et le loyer, ce qui avait entraîné des difficultés financières pour le jeune couple.

Lorsqu'ils ont eu cette petite fille, ils ont été obligés de faire très attention et c'est la raison pour laquelle ils notaient tout ce qu'ils achetaient, dans la conscience qu'ils étaient punis pour avoir vécu la sexualité avant le mariage. Elle lui a rapporté que, effectivement, ils se disaient entre eux que leur fille leur coûtait cher.

Après avoir pris conscience de cette situation, elle s'est pardonnée d'en avoir voulu à ses parents. Elle a alors pris conscience que, inconsciemment, ses pertes d'argent permettaient symboliquement de « rembourser » ses parents. A partir de ce moment-là, tout est rentré dans l'ordre.

Autre témoignage, celui d'une femme qui se trouvait avec son conjoint en difficulté financière : (Je précise, à ce sujet, qu'un couple peut être en difficulté financière, mais pour des raisons différentes en ce qui concerne le mari ou la femme. D'où l'importance d'effectuer des recherches spécifiques pour chacun d'eux) :

Pour sa part, cette femme a effectué la recherche. Il en est ressorti que le blocage remontait à l'âge de 6 ans. Elle s'est alors souvenue d'un événement qui l'avait traumatisée. Sa maman avait donné un billet de 100 F. à son frère âgé de 10 ans pour acheter de l'épicerie. Celui-ci est parti en courant, le billet à la main, et par inattention le billet est tombé dans la bouche d'un égout. Revenu à la maison, la maman lui a donné une paire de gifles en lui disant : « Tu vas venir avec moi et tu vas descendre dans la bouche d'égout pour récupérer le billet ! » Puis elle a pris son garçon par la main pour l'emmener sur le lieu. Mais, savoir que sa mère allait faire descendre son frère dans la bouche d'égout, pour cette petite fille de 6 ans cela voulait dire que celui-ci allait disparaître comme l'eau qui y rentrait et qu'il ne remontrait pas. Elle aurait voulu tuer sa mère et l'empêcher de se rendre sur le lieu. Pour elle, c'était inacceptable que sa maman privilégie un billet de 100 F à son frère. La maman savait ce qu'elle faisait car, arrivée à l'endroit, elle a enlevé la grille et son fils est descendu et a récupéré le billet. Cet événement a peut-être duré un quart d'heure mais, pour la fillette, ce temps a représenté une éternité très traumatisante.

A partir de ce moment-là, avoir de l'argent a représenté, pour elle, le risque de perdre quelqu'un d'important. C'est la raison pour laquelle elle se trouvait souvent dans le manque.

Suite à cette prise de conscience, elle s'est pardonnée d'en avoir voulu à sa maman, et sa situation financière s'est nettement améliorée.

Je pourrais citer des centaines de témoignages de cet ordre. Ce qui est essentiel, c'est la méthode de recherche qui se réalise rapidement (en quelques minutes lorsqu'on est habitué). Je suis toujours émerveillé d'observer l'efficacité et la rapidité de la recherche. Les personnes qui agissent ensuite en fonction des résultats voient leur situation financière s'améliorer très rapidement.

J'ai observé que les blocages financiers peuvent arriver très rapidement, comme ils peuvent se régler très vite du moment que l'on agit de façon juste. Dans ma formation *« Etre Acteur dans sa Vie »,* les participants utilisent des méthodes plus performantes qui permettent d'aller plus loin dans la compréhension de l'origine des blocages. Ceux-ci prennent conscience de l'importance de se trouver en harmonie dans tous les domaines de leur VIE. La démarche en groupe est stimulante et interactive, ce qui permet d'évoluer plus rapidement et plus en profondeur. Le partage des expériences de chaque membre du groupe permet d'observer combien la VIE EST MERVEILLEUSE et d'une GRANDE PRÉCISION dans l'OBTENTION DES RÉSULTATS.

Des milliers de personnes ont effectué cette formation avec moi et je suis toujours émerveillé par la diversité des moyens avec laquelle l'argent arrive dans la vie des personnes.

TOUTE PERSONNE, QUI A LE DÉSIR SINCÈRE DE CONNAÎTRE L'ORIGINE D'UN BLOCAGE FINANCIER, LE TROUVERA. CAR L'ÂME EN CONNAIT L'ORIGINE ET DONNERA LES MESSAGES PAR LE MOYEN JUSTE.

EN AGISSANT SELON LES MESSAGES REÇUS, TA SITUATION FINANCIÈRE S'AMÉLIORERA.

TRÈS IMPORTANT

J'ai observé que la plupart des blocages financiers provenaient des relations à l'autre et aux autres, plus spécialement des relations avec les parents et la famille en général. En effet, il y a ce que tu as vécu avec eux, ce que tu as vu et entendu, et qui t'ont conditionné de façon plus ou moins importante.

Très souvent, la cause des blocages financiers viennent de la relation affective dans le couple ou avec un ex-conjoint ou ex-couple.

Quand les personnes sont en PAIX avec elles-mêmes et avec les autres, quand elles respectent les autres et qu'elles sont en HARMONIE avec elles-mêmes et les autres, beaucoup de difficultés disparaissent.

AVEC INSISTANCE, JE TE CONSEILLE DE LIRE MON LIVRE : *« LE*

***BONHEUR D'AIMER L'AUTRE* ». Il t'aidera à mieux AIMER et à ÊTRE EN PAIX avec tes PARENTS, ton CONJOINT, tes ENFANTS, la FAMILLE, mais aussi avec tes COLLÈGUES ou CLIENTS, etc. Je t'ASSURE que par des démarches de COMPRÉHENSION et de PARDON, ta vie sera beaucoup plus agréable, simple, harmonieuse et prospère. Tu connaîtras la PLÉNITUDE en permanence.**

Je te conseille également mon autre livre : « S'AIMER POUR MIEUX AIMER ». En effet, plus on s'aime soi-même, plus on reconnaît sa valeur à tous les niveaux, et plus on attire la PROSPÉRITÉ.

PHRASES POSITIVES POUR FAVORISER LA PROSPÉRITÉ

Je t'invite à choisir une ou plusieurs phrases suivantes pour favoriser la prospérité dans ta vie.

- JE SUIS ABONDANCE.

- JE SUIS DE PLUS EN PLUS PROSPÈRE.
- J'AI TRÈS LARGEMENT L'ARGENT DONT J'AI BESOIN.
- J'AI TRÈS LARGEMENT L'ARGENT DONT J'AI BESOIN ET J'AI UN SURPLUS DIVIN.
- L'ARGENT ARRIVE DANS MA VIE, TOUJOURS PAR DES MOYENS PARFAITS.
- L'UNIVERS EST ABONDANCE ET JE SUIS ABONDANCE.
- J'AI UNE ACTIVITÉ PROFESSIONNELLE MERVEILLEUSE ET JE SUIS BIEN RÉMUNÉRÉ.
- L'ARGENT CIRCULE DANS MA VIE HARMONIEUSEMENT ET EN ABONDANCE.
- JE BÉNIS TOUTES LES PERSONNES QUI CONTRIBUENT A MA PROSPÉRITÉ.
- JE SUIS HEUREUX DE PARTICIPER A LA PROSPÉRITÉ DES AUTRES.
- *Tu peux créer toi-même des phrases positives.*

Ces phrases, tu peux les programmer souvent, ce qui te donneras progressivement des résultats.

Tu peux noter une ou plusieurs phrases sur une ou plusieurs cartes blanches dans les jeu de cartes *« LES CARTES DU BONHEUR ».*

<u>CARTE AUX TRÉSORS</u>

Tu peux également scanner des billets de banque, les coller sur une feuille A3 (grande feuille), et mettre ta photo au centre en y ajoutant : *« MON COMPTE BANCAIRE EST DE PLUS EN PLUS POSITIF »,* ou une autre phrase.

Tu places cette grande feuille dans un endroit où tu peux la voir souvent. Il est possible aussi que tu fasses une réduction de ce montage pour la mettre sur ton bureau, dans ton agenda, etc.

Je rappelle que le cerveau a un pouvoir de matérialisation et qu'il matérialise les images qu'il enregistre au niveau du subconscient.

L'OBJECTIF de cette démarche est de favoriser la PROSPÉRITÉ dans ta vie, et je peux confirmer qu'elle est très efficace.

CE QUI EST ESSENTIEL, QUELS QUE SOIENT LES MOYENS UTILISÉS POUR VIVRE DANS LA PROSPÉRITÉ, **C'EST LA CONFIANCE QUE TU AS DANS LA MÉTHODE CHOISIE ET DANS L'ABONDANCE DE L'UNIVERS.**

CONCLUSION

CONCLUSION

L'ÉNERGIE ARGENT est une MERVEILLEUSE ÉNERGIE qui te permet de vivre de nombreuses et belles EXPÉRIENCES enrichissant ton ÂME, ainsi que de découvrir tes possibilités et ta créativité.

Cette ÉNERGIE UNIVERSELLE est à ta disposition en quantité illimitée pour te permettre de réaliser ta MISSION sur cette terre et de t'épanouir dans tous les domaines de ta vie.

ACCUEILLE L'ABONDANCE qui fait partie de ton HÉRITAGE DIVIN et laisse-la circuler dans ta vie dans un équilibre harmonieux entre le DONNER et le RECEVOIR.

Maintiens toujours la vision de l'abondance, pense abondance, parle abondance, et agis en conséquence. En faisant l'expérience de l'Abondance, tu deviens de plus en plus LIBRE et RESPONSABLE.

Sois toujours dans la CERTITUDE que tu auras toujours très largement l'ARGENT nécessaire pour réaliser tes projets, quelle qu'en soit l'importance.

Il est essentiel que tes projets soient en harmonie avec ta MISSION et réalisés au moment juste.

Prends l'habitude de REMERCIER, de BÉNIR L'UNIVERS pour cette ABONDANCE. Je rappelle que les remerciements doivent toujours être supérieurs aux demandes. En effet, lorsque tu remercies, tu es dans la conscience de ce que tu as, et tu auras réellement de plus en plus. A l'inverse, quand tu es dans la demande uniquement, tu peux être dans la plainte, et le résultat sera médiocre.

Je rappelle, également, que la VÉRITABLE RICHESSE est en toi, et plus tu reconnaîtras cette richesse en toi, plus elle se matérialisera à l'extérieur.

Vois toujours la RICHESSE INTÉRIEURE DANS CHAQUE PERSONNE QUE TU RENCONTRES. Vois l'ABONDANCE dans la Nature, partout où tes yeux se posent.

Imagine les milliers de feuilles des arbres qui seraient de billets de 20 €, les milliers de mètres cubes d'eau qui coulent dans les rivières, comme étant l'ÉNERGIE ARGENT.

OUI, LA VIE EST MERVEILLEUSE,
ELLE EST ABONDANCE,
ELLE EST JOIE, ELLE EST AMOUR,
ELLE EST HARMONIE.

Cher(e) ami(e), je te souhaite de connaître le bonheur et tout ce qu'il y a de plus beau encore. Je suis heureux de partager avec TOI mes expériences et mes observations.

C'est un grand bonheur pour moi de participer à ta réussite, à ton bien-être et à ton épanouissement.

Du fond de mon cœur, je te souhaite de VIVRE dans la PLÉNITUDE et l'ÉMERVEILLEMENT.

Au plaisir de te rencontrer un jour...

Alexandre LUCAS

SÉMINAIRES

ET FORMATIONS

POUR VOUS

ACCOMPAGNER

DANS VOS PROJETS

ET RÉUSSIR

PLEINEMENT

VOTRE VIE

IMPORTANT

Pour réussir dans tous les domaines de ta vie, il est important de bien connaître les LOIS DE LA VIE et leurs fonctionnements. Je constate qu'il y a peu de formations où ce sujet est abordé.

Il est essentiel de bien connaître également le fonctionnement du cerveau, ses capacités à créer, et l'importance des pensées et des paroles prononcées.

Réussir sa vie n'est pas une question de chance que certains auraient et d'autres n'auraient pas. C'est le résultat d'un ensemble de démarches, d'une certaine discipline (surtout au départ), d'un désir de connaître le BONHEUR, la JOIE, l'HARMONIE, etc.

Il est vrai aussi que cela est exigeant au début et demande du courage, mais le résultat obtenu va bien au-delà de ce que tu peux imaginer aujourd'hui.

Le résultat est toujours proportionnel à l'investissement de chacun et à son réel engagement.

POUR T'AIDER A Y PARVENIR

Nous te proposons plus particulièrement une FORMATION de 20 JOURS (10 modules de 2 jours) espacés d'environ un mois entre chaque module.

Thème :

ÊTRE ACTEUR DANS TA VIE PERSONNELLE et PROFESSIONNELLE

OBJECTIFS DE CETTE FORMATION :

Te permettre :

- *de VIVRE ta « LÉGENDE PERSONNELLE » ou « MISSION » sur cette terre.*
- *de T'AIDER A RÉUSSIR.*
- *de T'AIDER à t'ÉPANOUIR au NIVEAU PERSONNEL et PROFESSIONNEL.*
- *d'être un CRÉATEUR EN PUISSANCE.*
- *de BIEN CONNAÎTRE TON PASSÉ, afin de te libérer de ce qui est défavorable à ton évolution et retenir ce qui la favorise.*
- *de CONNAÎTRE ton « CHEMIN DE VIE », ajuster tes projets en fonction de ton « année personnelle » pour augmenter les chances de réussite.*
- *de prendre conscience de la PUISSANCE CRÉATRICE de la PENSÉE et de la PAROLE.*
- *de DÉFINIR avec PRÉCISION tes OBJECTIFS à courts termes et moyens termes et les RÉALISER.*

VIVRE « L'EXCELLENCE DE TA VIE »
en EXPRIMANT
tes « TRÉSORS CACHÉS »

PROGRAMME DE CETTE FORMATION

PRÉSENTATION DE LA DÉMARCHE

- Dès le départ de la formation, il te sera proposé des moyens concrets et simples te permettant de mieux réaliser tes objectifs (ces moyens sont accessibles à tous).

- Tu prendras conscience de l'importance de tes actes, de tes pensées, de tes paroles.
- Il te sera proposé de vivre totalement en harmonie avec ce que tu ressens au plus profond de toi-même, ce qui te conduira vers la PAIX, la SÉRÉNITÉ. Tu t'apprécieras ainsi davantage.
- Les personnes qui ont déjà mis en pratique cette démarche ont vu très nettement diminuer leur stress.

DÉCOUVERTE DE TON ARBRE GÉNÉALOGIQUE

Il te permettra d'explorer l'histoire de tes aïeux et de reconquérir ta liberté en sortant des schémas répétitifs de ton histoire familiale. Tu conserveras les points positifs que tu as « hérités » et tu couperas les liens qui te menaient à l'échec.

UTILISATION DE LA NUMÉROLOGIE CRÉATIVE

- Ta date de naissance peut se regarder comme une carte routière de ta VIE.
- Par l'approche des NOMBRES, tu découvriras comment poser les actes aux bons moments et fixer des objectifs en fonction de ton « ANNÉE PERSONNELLE » et de ton « CHEMIN DE VIE », tout cela pour obtenir des résultats justes et harmonieux.

DÉFINITION DE TES OBJECTIFS

- Il sera demandé à chaque participant de définir, dès le début de la formation, des objectifs précis et importants dans le domaine de ses choix : santé, relations humaines, affectif, professionnel, financier.
- Nous souhaitons que chaque personne s'engage réellement et qu'elle souhaite sincèrement évoluer.

LES PRINCIPES DE LA PENSÉE POSITIVE

- Tu découvriras la puissance créatrice de ton cerveau. Ce que tu vis actuellement est le résultat de ce que tu « as programmé » consciemment ou inconsciemment ; le hasard n'existe pas !
- Il te sera proposé d'avoir des pensées et des paroles justes et positives.
- Tu apprendras à poser des actes justes, harmonieux, qui te permettront de réussir dans tous les domaines.
- Tu découvriras des méthodes pour visualiser, programmer et contrôler si tes actes sont justes (options mentales et confirmations).

L'INTUITION

- Tu as en toi la possibilité d'avoir accès à toutes les informations dont tu peux avoir besoin pour prendre de bonnes décisions.
- En utilisant ta partie droite du cerveau, siège du subconscient, tu multiplieras ta capacité à créer.
- Tu développeras ton attention aux coïncidences (véritables guides de la vie).

- Tu prendras conscience que la VIE te donne beaucoup de messages justes.

RELATIONS AVEC LES AUTRES ET AVEC TOI-MÊME

- Les relations que tu as avec les autres sont le reflet de toi-même.
- Notions de tolérance, de respect, de maîtrise de soi et du langage.
- Apprendre à t'AIMER ; tu as un corps divin.
- Tu apprendras à modifier ton comportement pour obtenir des relations plus harmonieuses, plus heureuses.
- Prise de conscience de l'influence positive lorsque tu as de bonnes relations avec tous les ÊTRES, sur ta santé, ta profession, tes finances.
- Tu apprendras à te libérer du passé négatif par une démarche de pardon et d'amour, et tout ceci avec sérénité.

ACTIVITÉ PROFESSIONNELLE

- En suivant l'ÉNERGIE CRÉATRICE, ton travail devient gratifiant.
- Tu peux choisir le métier qui te plaît.
- Travailler devient un JEU car tu tes passionné.
- Tu deviens un créateur en puissance.
- Tu seras reconnu, apprécié et rémunéré correctement.
- Chaque personne a un rôle précis sur terre et tu apprendras à le découvrir et à être à ta juste place.
- Approfondissement des Lois de la Réussite et du Succès.

L'ARGENT

- Ta RELATION avec l'ARGENT.
- L'ARGENT est le symbole de l'ÉNERGIE qui circule dans ta VIE.
- L'ARGENT utilisé positivement et justement est un moyen d'échanges merveilleux.
- Tu peux disposer de tout l'argent dont tu as besoin.
- Approfondissement des Lois de la Prospérité.
- Développer ta Richesse Intérieure pour développer ta richesse extérieure.
- OBJECTIF COMMUN proposé aux personnes du groupe, c'est d'avoir une somme d'argent inattendue qui arrive de façon exceptionnelle.

LA SANTÉ, SENS DE LA MALADIE ET BLESSURES

- La maladie est le signe, l'alarme, pour nous obliger à écouter notre corps, prendre du repos.
- Pour nous permettre de découvrir autre chose, dont peut-être une chance... Le début d'une vie nouvelle...
- On peut s'auto guérir.
- Apprendre à vivre sans souffrir.
- On peut aider les autres à guérir de plusieurs manières.
- Liens entre la maladie, les accidents, avec ton fonctionnement, au niveau affectif, relationnel, professionnel, financier, spirituel.

ÊTRE ACTEUR DANS SA VIE...
Signifie quoi ?

➔ **C'EST DÉCIDER**
de tout mettre en œuvre pour réussir sa vie et poser des actes concrets qui permettent une réalisation tangible des projets et une réelle transformation « intérieure ».

➔ **AVOIR DES PROJETS QUI TE GRANDISSENT,**
qui tendent la VIE VERS LE HAUT. Des projets généreux qui font la vie généreuse, qui te permettent de te « DÉPLOYER » et de « t'ÉLEVER ».

➔ **DEVENIR Auto référant,**
c'est-à-dire : agir, décider, parler en fonction de ce que tu ressens comme étant juste pour toi. Cela suppose d'être à l'écoute de ton « ressenti » qui émane du plus profond de toi-même.

➔ **ÊTRE EN HARMONIE AVEC LES LOIS UNIVERSELLES,**
Seule source du vrai bonheur, de l'AMOUR et de la réussite.

A QUI S'ADRESSE CETTE FORMATION ?
A toute personne Qui désire réussir sa vie

CES SÉMINAIRES
SONT ANIMÉS PAR :

Alexandre LUCAS,
formateur en relations humaines
et développement personnel.

Alexandre LUCAS anime l'ensemble de la formation.

En plus du programme présenté, il propose aux stagiaires un ensemble de moyens concrets et très efficaces pour poser des actes justes et prendre de bonnes décisions au bon moment.

Il partage ses expériences et les « techniques » qu'il a mis au point depuis 1987, début de ses activités, et expérimentées par plus de sept mille personnes qui ont effectué des démarches avec lui.

IMPORTANCE DU GROUPE :

Cette démarche qui s'effectue sur presque une année s'efforce de créer une ÉNERGIE DE GROUPE qui est très PUISSANTE, permettant à chaque personne de se sentir « portée » et aidant à poser des actes concrets.

Les personnes sont invitées à définir des objectifs concrets concernant les différents domaines de leur vie et elles sont suivies et accompagnées dans les réalisations. Des « outils » permettent de les atteindre et ainsi chaque personne a la possibilité d'observer comment fonctionnent les LOIS DE LA VIE, les LOIS DE « CAUSES A EFFETS ».

Le groupe permet de prendre des décisions que la personne, étant seule, n'aurait pas osé effectuer à cause de la peur d'échouer.

Nous sommes toujours émerveillés de voir le chemin parcouru par les stagiaires pendant la formation mais aussi après, car les personnes ont acquis de nouveaux fonctionnements et les ont intégrés en profondeur.

On peut parler d'une nouvelle naissance, une autre manière de vivre et de voir la VIE et tout en étant dans le même environnement, il y a un changement radical. C'est l'histoire de la bouteille d'eau :

- Il y a ceux qui se plaignent et qui ont peur de manquer car la bouteille est à moitié vide et, effectivement ils auront soif et manqueront d'eau ;
- Il y a ceux qui sont heureux et sereins car ils voient la bouteille à moitié pleine et ils n'ont pas soif et ils ne manquent pas d'eau.

LA MANIÈRE DONT TU VOIS LES CHOSES ET LES ÉVÉNEMENTS FERA QUE TU VIVRAS DES ÉVÉNEMENTS DÉSAGRÉABLES OU AGRÉABLES.

AUTRES SÉMINAIRES A L'ÉTRANGER

Alexandre LUCAS anime des séminaires à l'ÉTRANGER : INDE, ÉGYPTE, ISRAËL, ITALIE, MAURITANIE, MAROC, CANADA, LIBYE, etc., sur des thèmes différents avec une approche plus spirituelle mais aussi concrète.

Si tu es intéressé(e) par l'un de ces séminaires, contacte **Alexandre LUCAS.**

AUTRES SÉMINAIRES ET JOURNÉES – PARTAGE EN FRANCE

➔ **Alexandre LUCAS** anime également des séminaires dans le silence (durée trois jours) qui sont une occasion de faire le point sur notre vie et de poursuivre notre chemin dans l'action juste et l'attitude juste.

➔ Il anime des journées-partage permettant aux personnes de se retrouver régulièrement toutes les cinq à six semaines pour échanger les expériences vécues, utiliser les « Outils », pour avancer dans les projets, mais aussi et surtout, pour approfondir la DIRECTION SPIRITUELLE.

Dans ces groupes, il est proposé d'expérimenter, de vivre concrètement la « PRÉSENCE » dans les détails de la VIE HUMAINE. Pour cela, il est essentiel d'avoir effectué la formation « ÊTRE ACTEUR DANS SA VIE » ou l'équivalent.

Pour recevoir la documentation gratuitement ou avoir plus d'informations, voir à la fin du livret.

****

2 *jeux de cartes personnalisés*

Jeune et Dynamique !

110 cartes

pour les JEUNES

utilisable aussi par les parents pour mieux comprendre et aider leurs enfants

LES CARTES DU BONHEUR

220 cartes

pour les ADULTES

Elles t'aideront à :

- ➔ **AGIR AVEC PRÉCISION** (grâce aux cartes vierges qui te permettront d'avoir des réponses précises).
- ➔ **TRANSFORMER TA VIE.**
- ➔ **ÊTRE PLUS POSITIF(VE).**
- ➔ **ÊTRE PLEINEMENT CRÉATEUR, CRÉATRICE.**

****

Ces Jeux sont créés
par Alexandre LUCAS
et EN VENTE
dans les LIBRAIRIES ÉSOTÉRIQUES
DE L'OUEST DE LA FRANCE
ou à **Alexandre LUCAS**
B.P. 152
44144 CHATEAUBRIANT CEDEX
Tél. 02.40.07.24.25
Fax : 02.40.07.24.34
en joignant un chèque de 15 € pour le jeu « JEUNE ET DYNAMIQUE », et 27 € pour les « CARTES DU BONHEUR ».
Le port est inclus.

Un « OUTIL » pour t'aider :

un jeu de cartes créé
par **Alexandre LUCAS** :

«LES CARTES DU BONHEUR»

LE HASARD N'EXISTE PAS !

UN « OUTIL » TRÈS IMPORTANT

L'utilisation des 220 cartes du jeu, **testées** par des **milliers de personnes,** a démontré une efficacité étonnante dans tous les domaines de la vie : affectif, personnel, relationnel, santé, professionnel, financier, etc.

Tire une carte chaque jour et elle **t'aidera à prendre tes décisions,** même les plus impor-tantes, **à être positif(ve), à découvrir les points** sur lesquels tu dois modifier ton comportement. Tout ceci, dans une démarche d'**ÉVOLUTION** – de **MIEUX-ÊTRE.**

TU CONSTATERAS que tu es merveilleuse-ment guidé(e) par ta « DIMENSION INTÉRIEURE » et que **le hasard n'existe pas.**

PRÉCISIONS DANS LES RÉPONSES

Tu observeras avec **quelle précision** tu obtiendras des réponses à tes questions.

Tu seras conduit(e) pas à pas vers ce qu'il y a de meilleur pour toi.

Exemple :

Tu t'apprécies et tu tires la carte « J'aime mon corps ». C'est alors un encouragement à l'aimer davantage, à prendre encore plus de temps pour toi, à te faire plaisir, tu es sur la bonne voie.

Ou, au contraire, tu ne t'aimes pas et tu tires la carte « J'aime mon corps ». Elle te propose alors de tout mettre en œuvre pour accepter ton corps tel qu'il est – de répéter avec ton cœur que tu l'aimes et que tu prends soin de lui.

Autre exemple :

Tu as des difficultés financières et tu tires la carte « Ma situation financière s'améliore de jour en jour ». Cela signifie que si tu fais TOTALEMENT CONFIANCE en toi et dans l'abondance de la VIE – que tu imprègnes ton subconscient de cette phrase – progressivement ta situation va s'améliorer.

TU PERSONNALISES LE JEU

Il existe dans le jeu environ 50 cartes vierges qui vont te permettre de personnaliser le jeu et d'obtenir ainsi des réponses précises à des questions personnelles (voir l'exemple cité pour les jeunes).

Nota. – Dans le jeu de cartes, tu as la notice qui te donnera les conseils pour une bonne utilisation.

JEU DE CARTES :

«JEUNE ET DYNAMIQUE»

UTILISABLE par

LES JEUNES ENTRE 5 ET 17 ANS

MAIS AUSSI PAR LES PARENTS

Ce jeu a pour but d'aider le Jeune à être plus positif dans sa vie. En s'imprégnant des textes suggérés sur les cartes, il développera son attention, son intelligence, sa mémoire, son travail scolaire et tout deviendra plus facile (démarche de la programmation mentale).

Sa confiance augmentera et le succès se manifestera de plus en plus dans les divers domaines de sa vie de Jeune.

Ses relations avec ses parents, ses frères et sœurs, enseignants... s'amélioreront : il sera de plus en plus POSITIF dans la vie et il découvrira à quel point il est guidé.

Il se libérera progressivement du manque de confiance en lui et de la peur.

JEU UNIQUE et POUVANT ÊTRE PERSONNALISÉ

C'est le seul jeu existant pour les Jeunes, qui peut être personnalisé. En effet, les cartes blanches permettent au Jeune d'obtenir des réponses précises.

Exemple : Le Jeune doit faire un choix entre plusieurs propositions et ne sait pas laquelle choisir :

- Il peut écrire sur une carte « Je choisis la proposition X » - sur une autre carte « Je choisis la proposition Y » et sur une autre « Il m'est proposé une solution plus intéressante ».
- Il place les 3 cartes dans le jeu et s'il fait totalement confiance, un jour, il sortira une des trois cartes qui lui donnera la réponse. (Nous avons observé que cette réponse était toujours juste).

UTILISATION PAR LES PARENTS

En utilisant le jeu de cartes « Jeune et dynamique », les parents peuvent mieux discerner et comprendre le comportement de leur enfant.

Exemple : L'enfant est en dysharmonie avec toi et tu as l'impression qu'il te rejette : tu tires une carte du jeu « Oui, j'aime ma mère ou mon père », cela veut dire qu'en réalité il t'aime.

Nota : Dans le jeu de cartes vous avez les conseils d'utilisation.

LIVRE

« ÊTRE ACTEUR DANS SA VIE »

écrit par Alexandre LUCAS

Ce livre complémentaire de « S'AIMER POUR MIEUX AIMER » propose des conseils simples, précis et essentiels pour poser des actes justes et avoir un maximum de chances de les réussir.

Il a été conçu pour que les personnes trouvent facilement le thème qui les concerne afin d'avoir des conseils appropriés. Il présente une partie de la formation « ÊTRE ACTEUR DANS SA VIE » (1/20e) qui permet d'expérimenter et d'avoir des résultats concrets.

Il est accessible à tous quelle que soit la démarche effectuée par chacun.

Tu y trouveras comment CRÉER ta RÉALITÉ. En effet, ce que tu vis est le résultat de tes pensées, paroles et actes d'hier.

Il te propose de décider, aujourd'hui, de connaître la JOIE et le BONHEUR, de te RÉALISER PLEINEMENT et de Réussir TA VIE dans tous les domaines.

CELA EST POSSIBLE POUR TOUS.

En vente dans toutes les FNAC, librairies et grandes surfaces de France, Belgique, Luxembourg, etc.

***AUTRE LIVRE* d'Alexandre LUCAS**

« S'AIMER POUR MIEUX AIMER »

L'auteur nous propose de prendre conscience de l'importance de s'aimer vraiment pour mieux aimer son conjoint, ses enfants, ses parents, ses amis, etc. On donne et on reçoit des autres ce que l'on se donne à soi. Tu es pour toi-même la personne la plus importante, alors aime-toi, respecte-toi et prends soin de toi.

Table des matières :

Accepter son corps comme il est aujourd'hui – Aimer son corps qui est divin – Aimer les fonctions de son corps – Notre corps connaît notre passé et notre futur – Ecouter les messages de son âme – Choisir de vivre – Recueillir les dons de la vie – Se donner de la tendresse et de la douceur – Vivre le plaisir en conscience – Se respecter – Donner un sens et un idéal à sa vie – Vivre sa légende personnelle.

Ce livre propose des conseils simples, précis, accessibles à tous et essentiels pour être bien avec soi-même. Il est le résultat d'expériences, d'observations et de « vécus » concrets.

En vente dans toutes les FNAC, librairies et Grandes Surfaces de France, Belgique, Luxembourg, etc.

Ces livres sont diffusés par :

D.G. Diffusion

Z.I. de Bogues – 31750 ESCALQUENS

Tél. 05.61.00.09.99 – Fax : 05.61.00.23.12

LIVRE d'ALEXANDRE LUCAS :

LE BONHEUR D'AIMER L'AUTRE

Ce livre te propose :

D'avoir un autre regard sur tes enfants qui sont tes « guides » et tes « maîtres », car ils connaissent ta vie et, en les observant, tu te découvres.

D'avoir de bonnes relations avec ton conjoint et de comprendre les messages qu'il te donne, ce qui évite des conflits ou malentendus et permet le plein épanouissement.

De prendre conscience de la beauté de tes parents qui sont tes « deux racines » essentielles, et la place de tous les membres de ta famille, belle-famille, et le rôle qu'ils jouent dans ton histoire.

L'importance des relations professionnelles qui sont en résonance avec ta vie, car le hasard n'existe pas.

Il en est de même dans tes relations amicales, de voisinage, etc.

TOUT A UN SENS ET TOUTES LES RELATIONS TE PROPOSENT DES MESSAGES PARTICULIERS.

CE QUI PERMET D'ÊTRE BIEN AVEC TOUS LES ÊTRES : C'EST L'AMOUR.

LE VÉRITABLE AMOUR permet de trouver une solution dans toutes les situations.

Ce livre t'aide simplement et efficacement pour trouver LA PAIX, L'AMOUR, L'HARMONIE.

NOUVEAU LIVRE

DÉCOUVRIR TES TRÉSORS

DANS LES ÉVÉNEMENTS VÉCUS DE TA VIE

écrit par Alexandre LUCAS

Dans ce livre *(complément* ***très important*** *de « ACCUEILLIR LA PROSPÉRITÉ DANS TA VIE »),* l'auteur donne le témoignage de ce qu'il a vécu. Comment il a rebondi en vivant une situation financière très difficile, en changeant de métier, et en découvrant sa LÉGENDE PERSONNELLE.

Il propose à travers ton vécu, que ce soient des moments extraordinaires ou des périodes moins faciles, de découvrir tes talents, les messages que ton corps t'a donnés et te donnes encore pour découvrir ta MISSION sur cette terre.

Il donne des conseils et des indications précieuses pour vivre TA VIE PLEINEMENT dans la JOIE, le BONHEUR, l'HARMONIE, et RÉALISER TA LÉGENDE PERSONNELLE.

Tout ce que tu vis d'agréable ou de moins agréable a un sens et est un message. En comprenant ce message et en agissant, tu connaîtras le bonheur dans ta vie.

Tous ces livres sont en vente dans toutes les FNAC, Librairies et Grandes Surfaces de France, Belgique, Luxembourg, etc.

Ces livres sont diffusés par

D.G. DIFFUSION

Z.I. de Bogues – 31750 ESCALQUENS
Tél. 05.61.00.09.99 – Fax : 05.61.00.23.12

Une nouvelle approche de la Généalogie...

****

LIVRE écrit par MARIE-PAULE LUCAS

« Je m'appelle SOUFFLE DE VIE »

Dans ce livre, **Marie-Paule LUCAS** partage son vécu en relation avec la nature, les différents règnes : animal, minéral et végétal.

L'essentiel de son livre parle de la PSYCHO-GÉNÉALOGIE CRÉATIVE dans une démarche d'AMOUR et d'OUVERTURE.

Elle explique l'importance de l'union des corps, du cœur et de l'âme... pour accueillir la puissance de création de nos ancêtres.

Dans cette dynamique créative, l'être humain comprend et intègre que son monde extérieur n'est que le reflet de son monde intérieur. Alors, il devient le créateur de sa vie et il tend les bras vers son destin...

Il est suggéré de le lire en vous laissant interpeller au niveau de votre cœur. « SOUFFLE DE VIE » vous invite à vous relier d'âme à âme avec vos proches qui ont quitté le plan terrestre et qui sont devenus « ÉNERGIE D'AMOUR ».

Ces ÊTRES vous lèguent une puissance de création pour vous aider à vivre votre propre histoire, celle qui est en accord profond avec votre moi profond.

Dans cette nouvelle approche de la généalogie « créative », de véritables re-naissances ont lieu. Les personnes comprennent avec leur cœur et, dans la conscience, posent des actes concrets. Elles ont une nouvelle vision de la vie et elles prennent conscience que tout est continuité.

****

LIVRE

« PRINCE des ÉTOILES »

écrit par Marie-Paule LUCAS

Apprendre à lire l'histoire de nos ancêtres pour s'unifier dans le grand cercle de la vie.

L'ÊTRE HUMAIN en naissant y inscrit son projet de vie (date de naissance).

En mourant, l'être humain indique clairement quelles furent ses limites terrestres face à son projet de vie (jour et mois de naissance + année de décès).

En quittant le plan terrestre, il dessine une étoile qui symbolise la liberté d'être (date du décès). Au cœur de son étoile, il y dépose un cadeau, un héritage concret qu'il lègue à ceux et celles qui continuent leur chemin sur terre...

Dans ce livre, Marie-Paule aborde la notion de création de projets professionnels, affectifs, matériels, dans la même dynamique que la base de la création humaine. Parallèle naissance humaine et naissance d'un projet... « dans les phases de pré-conception, de conception, de vie fœtale, d'accouchement ou naissance d'un projet. Importance de se relier à la nature dans ces diverses phases ».

******

COMMENT SE PROCURER CES LIVRES ET LES JEUX DE CARTES ?

→ Dans les Librairies Esotériques de l'Ouest de la France,

→ ou à :

Alexandre LUCAS
B.P. 152
44144 CHATEAUBRIANT CEDEX
Tél.-Fax : 02.40.07.24.34

en précisant clairement votre adresse

et en envoyant un chèque de **14 €**
pour le livre
« Je m'appelle SOUFFLE DE VIE »

et **17 €** *pour le livre*
« PRINCE DES ÉTOILES »

pour le **Jeu de Cartes :**
« LES CARTES DU BONHEUR » : 27 €

pour le **Jeu de Cartes :**
« JEUNE ET DYNAMIQUE » : 15 €

(port compris)

TABLE DES MATIÈRES

PREMIÈRE PARTIE :

Accueillir la PROSPÉRITÉ dans ta vie... 15

Différents comportements face à l'argent.. 19

L'ARGENT est une ÉNERGIE.................. 37

L'ARGENT est une ÉNERGIE DIVINE.... 45

« S'OUVRIR » pour accueillir l'ARGENT INATTENDU (témoignages)............................... 57

DEUXIÈME PARTIE :

Comment ACCUEILLIR l'ARGENT dans ta vie ?.. 75

En changeant ta manière de penser et de parler.................................... 77

En créant dans ton ESPRIT la PROSPÉRITÉ.................................. 83

En ayant des projets justes et harmonieux.................................... 91

Comment l'ARGENT va arriver ?.......... 103

Prépare-toi à accueillir l'ARGENT.......... 111

Le plaisir d'économiser........................ 121

Conseils pour définir le PRIX JUSTE dans tous les domaines................ 123

Méthodes pour calculer le JUSTE PRIX au niveau professionnel................ 135

Méthodes pour calculer le REVENU ou le SALAIRE qui te correspond....... 149

Avoir CONFIANCE dans l'abondance de l'UNIVERS................................ 161

Les placements d'ARGENT et ASSURANCES................................ 165

TROISIÈME PARTIE :

Savoir donner avec justesse................. 171

L'ARGENT et la SOCIÉTÉ....................... 189

L'ARGENT et les ENFANTS, la FAMILLE, les AMIS, etc.................. 193

MÉTHODES SIMPLES pour décoder les blocages financiers......................... 213

CONCLUSION.. 237

Séminaires et Formations..................... 241

Jeux de Cartes.. 253

Livres d'Alexandre LUCAS..................... 259

Livres de Marie-Paule LUCAS............... 263

NOTES PERSONNELLES

NOTES PERSONNELLES

Dépôt Légal n° 2060

Editeur :

Alexandre LUCAS

B.P. 152

44144 CHATEAUBRIANT CEDEX

Achevé d'imprimer
en Août 2006
sur les Presses de l'Imprimerie FARRÉ
à Cholet, en Anjou.

1ère édition

Tous droits de reproductions même partielles réservés pour tous pays